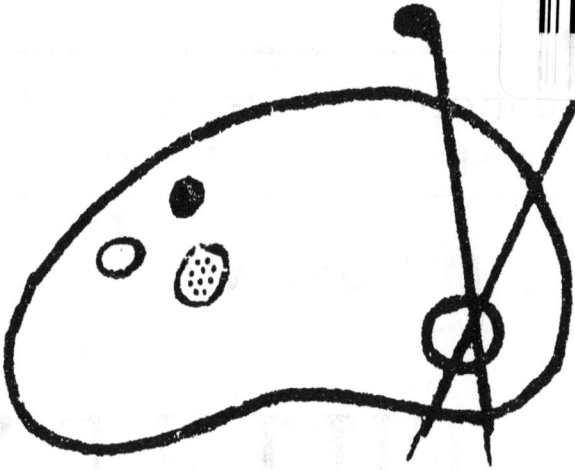

Couvertures supérieure et inférieure
en couleur

ucation morale et pratique

DANS LES ÉCOLES DE FILLES

Mlle SAGNIER

LA FILLETTE
bien élevée

Livre de lecture à l'usage des Écoles de filles

AVEC UNE PRÉFACE DE

M. Jules STEEG

Inspecteur général de l'Instruction publique,
Directeur du Musée pédagogique.

Hygiène
Éducation
66 Gravures

Armand COLIN & Cie

ÉDITEURS

de la Première année de Cuisine, par L. Ch.-Desmaisons.

Armand COLIN & C⁰ⁱᵉ, Éditeurs, 5, rue de Mézières, Paris.

Pour les Écoles de filles

Tu seras Ouvrière, Simple histoire; Livre de lecture anecdotique à l'usage des Écoles de filles : Hygiène, Travail manuel, Économie domestique, par L. CH.-DESMAISONS, avec une préface de M. JULES SIMON, de l'Académie française. 1 vol. in-18 jésus, 143 gravures, cartonné. **1 50**

Ouvrage couronné par la Société d'Encouragement au bien.

La Première année de Cuisine, à l'usage des Écoles de filles : Préceptes, Récit anecdotique, Recettes de cuisine, par L. CH.-DESMAISONS. 1 vol. in-12, 139 gravures, cartonné. **1 25**

La Première année de Ménage rural, à l'usage des Écoles de filles : Agriculture, Économie domestique, Hygiène, Droit rural, par M. H. RAQUET, professeur départemental d'agriculture de la Somme. 1 vol. in-12, 248 gravures, cartonné. **1 50**

L'Année préparatoire d'Économie domestique, à l'usage des Écoles de filles : Ménage, Devoirs dans la famille, Cuisine, Jardinage, Blanchissage, Entretien du linge, Couture, par R.-EL. CHALAMET. 1 vol. in-12, 78 gravures, cartonné. **» 75**

La Première Année d'Économie domestique, à l'usage des Écoles de filles : Morale, Soins du ménage, Jardinage, Travaux manuels, suivis de notions d'instruction civique et de droit usuel, par R.-EL. CHALAMET. 1 vol. in-12, 78 gravures, cartonné. **1 10**

Livret d'Économie domestique de la collection des livrets publiés sous la direction de M. CHARLES DUPUY, agrégé de l'Université, ancien inspecteur d'Académie, vice-recteur honoraire, ancien ministre de l'Instruction publique, député de la Haute-Loire.
Livret de l'Élève (*Écoles de filles*). **» 30**

Les Petits Cahiers de Madame Brunet, à l'usage des Écoles de filles : Gouvernement de la famille, Hygiène et Médecine usuelles, Recettes de ménage, Économie domestique, Calendrier de la Bonne Ménagère, Dialogues, par MARIE DELORME. 1 vol. in-12, 22 vignettes, cartonné. **1 60**

Paris. — Imp. E. CAPIOMONT et Cⁱᵉ, rue des Poitevins, 6. (N° 83)

La Fillette

bien élevée

Pour *les* Écoles *de* filles

Pour le commencement de la Classe, *à l'usage des Écoles de filles*. 200 lectures morales quotidiennes, par L. Ch.-Desmaisons. 1 vol. in-12, cartonné. » 80

Tu seras Ouvrière, simple histoire ; Livre de lecture anecdotique, *à l'usage des Écoles de filles* : Hygiène, Travail manuel, Économie domestique, par L. Ch.-Desmaisons, avec une préface de M. Jules Simon, de l'Académie française. 1 vol. in-18 jésus, 143 gravures, cartonné. 1 50

 Ouvrage couronné par la Société d'Encouragement au bien.

La Première année de Cuisine, *à l'usage des Écoles de filles* : Préceptes, Récit anecdotique, Recettes de cuisine, par L. Ch.-Desmaisons. 1 vol. in-12, 139 gravures, cartonné. 1 25

La Première année de Ménage rural, *à l'usage des Écoles de filles* : Agriculture, Économie domestique, Hygiène, Droit rural, par M. H. Raquet, professeur départemental d'agriculture de la Somme. 1 vol. in-12, 248 gravures, cartonné. 1 50

L'Année préparatoire d'Économie domestique, *à l'usage des Écoles de filles* : Ménage, Devoirs dans la famille, Cuisine, Jardinage, Blanchissage, Entretien du linge, Couture, par R.-El. Chalamet. 1 vol. in-12, 78 gravures, cartonné. » 75

La Première année d'Économie domestique, *à l'usage des Écoles de filles* : Morale, Soins du ménage, Jardinage, Travaux manuels, suivis de notions d'instruction civique et de droit usuel, par R.-El. Chalamet. 1 vol. in-12, 78 gravures, cartonné. 1 10

Livret d'Économie domestique de la collection des livrets publiés sous la direction de M. Charles Dupuy, agrégé de l'Université, ancien inspecteur d'Académie, vice-recteur honoraire, ancien ministre de l'Instruction publique, député de la Haute-Loire.
 Livret de l'Élève (*Écoles de filles*). » 30

Les Petits Cahiers de Madame Brunet, *à l'usage des Écoles de filles* : Gouvernement de la famille, Hygiène et Médecine usuelles, Recettes de ménage, Économie domestique, Calendrier de la Bonne Ménagère, Dialogues, par Marie Delorme. 1 vol. in-12, 22 vignettes, cartonné. 1 60

Coulommiers. — Imp. Paul Brodard. — 655-95.

La Fillette
bien élevée

LIVRE DE LECTURE A L'USAGE DES ÉCOLES DE FILLES

PAR

MLLE SAGNIER

Officier d'académie
Directrice d'École normale
Professeur à l'École Edgar Quinet

Avec une Préface de M. Jules STEEG

Inspecteur général de l'Instruction primaire
Directeur du Musée pédagogique

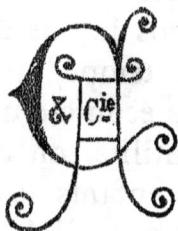

PARIS
ARMAND COLIN ET Cie, ÉDITEURS
5, RUE DE MÉZIÈRES, 5
1896

PRÉFACE

———

Ceci est un livre de morale, mais de morale simple et familière. Pas de théorie, pas de système, tout est à la pratique. Ce sont des leçons de propreté, de politesse, de bonne tenue, de bonne grâce, de savoir-vivre. Qui dira qu'elles sont superflues? Un tel enseignement est élémentaire, mais n'est-ce pas celui qui convient aux enfants de nos écoles? Il faut avant tout leur parler un langage qu'elles comprennent, leur inculquer les devoirs qui sont à leur portée, traiter avec elles les sujets qui les intéressent, qui touchent à leur vie de tous les jours. Le danger de nos leçons, de nos leçons de morale surtout, c'est, la plupart du temps, qu'elles passent par-dessus les têtes. On les écoute d'une oreille distraite, on n'en voit pas l'utilité, on comprend mal les mots ou les choses. Les enfants ne sont pas capables de saisir les abstractions; il faut d'abord en poser les éléments dans leur esprit. C'est plus tard, lorsqu'elles auront beaucoup lu, beaucoup vécu, beaucoup réfléchi, que les idées abstraites parleront à leur intelligence, éclaireront les faits, serviront à leur tour à expliquer les choses.

En attendant, ces enfants ont déjà une place à occuper, des devoirs à remplir, un rôle à jouer sur la scène du monde; il faut, toutes jeunettes qu'elles soient, les mettre en état de faire et d'être ce qui est de leur âge et de préparer leur avenir. Il faut qu'elles prennent de bonne heure des habitudes qui leur deviennent une seconde nature, de bonnes habitudes qui exercent sur elles pour toute leur vie une tyrannie bienfaisante.

Ce n'est pas, dira-t-on, matière de livres; c'est affaire de la famille, de l'entourage, de la mère. C'est vrai, mais qui ne sait combien de fois la famille fait défaut à cet enseignement, combien l'exemple est souvent contraire, combien de mères auraient besoin de prendre ces leçons avant de les donner? Si la famille est une saine école de morale, un milieu où se forment les bonnes manières avec les bonnes mœurs, tant mieux, l'école et le livre viendront par surcroît; l'enseignement par l'école et par le livre viendra confirmer, fortifier, peut-être même développer et étendre les leçons du foyer.

D'ailleurs, aux leçons directes s'ajoutent, dans ce petit livre, les leçons indirectes, les leçons par l'exemple, qui sont toujours les meilleures. De jolis récits nous montrent la morale en action, c'est-à-dire des enfants qui pèchent et se corrigent, qui trouvent la satisfaction et le bonheur dans l'accomplissement des simples devoirs de la vie pratique.

Nous avons d'abord *la petite fille dans sa vie intime*; ici les conseils sont tout à fait maternels, précis, sans circonlocutions ni ambages. Les soins de propreté, l'usage du savon, comment on soigne ses mains, comment on lave ses pieds, pourquoi il ne faut pas se ronger les ongles; la coiffure, le linge, les vêtements, les chaussures, au point de vue hygiénique, économique, tout y est, et aussi le point de vue moral : car ces soins se lient intimement à un sentiment de dignité, à un esprit d'ordre, à une disposition modeste qui sont au plus haut degré les vertus de cet âge.

Puis vient *la petite fille dans la société*; là le ton s'élève un peu, mais l'enseignement reste aussi simple, aussi concret, aussi accessible; il entre bien dans le détail; il ne se borne pas à des préceptes généraux. Il dit très nettement comme il faut se conduire avec ses parents, avec ses maîtresses, avec ses compagnes, comment il faut se comporter et se tenir dans les diverses relations et circonstances où une fillette peut se trouver. Ici encore, les qualités de politesse, de discrétion, de simplicité, de bonne humeur, de bonne tenue qui font une enfant bien élevée tiennent au fond de l'âme. C'est le sentiment de la reconnaissance, celui de la justice, celui de la modestie, celui de la sympathie, celui de la bonté qui font la force véritable et permanente de la bonne éducation.

Elles sont bien gentilles, nos fillettes, et nous les aimons bien comme elles sont. Mais qu'elles seront charmantes et tout à fait aimables quand elles se seront appliquées à suivre les leçons de ce petit livre! Il a été écrit pour elles, et j'espère qu'elles en profiteront. Si j'osais, j'émettrais bien le vœu en terminant que leurs frères y lisent aussi un peu par-dessus leurs épaules; ils ne sauraient qu'y gagner. Nous n'aurons jamais en France trop d'enfants bien élevés; les manières rudes et le mépris du savoir-vivre ne conviennent pas plus aux garçons qu'aux fillettes : chez les uns comme chez les autres, la dignité de l'âme doit se manifester par la dignité de la vie.

Jules Steeg,

Inspecteur général de l'Instruction publique,
Directeur du Musée pédagogique.

LA FILLETTE
BIEN ÉLEVÉE

PREMIÈRE PARTIE

LA PETITE FILLE DANS SA VIE INTIME

—

CHAPITRE I

Instruction et éducation.

1. Aujourd'hui toutes les petites filles vont à l'école. — Depuis quelques années, toutes les petites filles vont à l'école, et on pourrait compter celles dont les parents sont assez négligents, assez peu soucieux d'assurer leur avenir pour ne pas exiger qu'elles la fréquentent régulièrement.

Il n'en était pas ainsi il y a trente ans, vingt ans même, car l'école n'est obligatoire que depuis 1882.

2. Jules Ferry. — A ce moment, un grand ministre, Jules Ferry, auquel tous les petits Français doivent une profonde reconnaissance, fit adopter deux des lois les plus importantes qui aient jamais été faites en France. La première décida que *tous les enfants* seraient reçus dans les écoles primaires sans rien payer : voilà pourquoi on l'appelle « la loi sur la gratuité ». La seconde, rendue l'année suivante, obligeait tous les enfants à fréquenter l'école jusqu'à treize ans, ou, tout au moins, jusqu'au moment où ils obtiendraient leur certificat d'études : c'est « la loi sur l'obligation ».

La France, par amour pour ses enfants et dans l'intérêt de leur avenir, s'imposait une lourde charge en acceptant la loi sur la gratuité. En effet, les parents n'ayant plus rien à payer pour faire instruire leurs enfants, l'État devait fournir lui-même le traitement des instituteurs, et il s'engageait, en outre, à aider les communes pour qu'elles puissent construire, meubler et entretenir des écoles. Aussi notre cher pays avait-il bien le droit d'exiger que ses sacrifices profitassent à *tous les enfants*, et voilà pourquoi la loi sur l'*obligation* suivit de près celle sur la *gratuité*.

3. Bienfaits des lois scolaires. — Vous ne vous doutez pas des services que vous rendent ces deux lois.

Sans la première, combien y en a-t-il parmi vous qui devraient renoncer à fréquenter l'école ou qui ne la fréquenteraient que pendant un temps trop court? Une maladie du père ou de la mère; un chômage forcé, l'arrivée d'un nouveau petit frère ou d'une petite sœur; toute cause enfin qui diminuerait les ressources de la famille obligerait vos parents à vous retirer bien vite de l'École si elle était *payante*. Ils s'empresseraient de réserver pour des dépenses plus urgentes l'argent destiné à vos mois d'école.

Sans ces mêmes lois, dès que l'on aurait besoin de vous à la maison, dès qu'il serait plus commode de vous garder, dès que, par *caprice* ou par *paresse*, vous voudriez rester chez vous, combien de fois manqueriez-vous l'école, si vos parents n'étaient pas obligés de vous y envoyer régulièrement?

N'allez pas dire, comme le feraient des étourdies incapables de réfléchir, que vous seriez bien plus heureuses sans ces lois!

Sans elles vous resteriez des ignorantes, c'est-à-dire que non seulement votre intelligence demeurerait semblable à celle des petits enfants, mais encore vous seriez incapables, plus tard, de gagner honorablement votre vie, de bien diriger votre ménage, et de bien élever vos enfants.

4. Instruction et éducation. — Voilà donc, grâce à des *lois tutélaires* *, les bienfaits de l'instruction élémentaire assurés à tous les enfants de la France.

L'instruction que vous recevez suffit-elle pour que vous fassiez plus tard *honneur* à votre pays? pour que vous lui conserviez la réputation qu'il a eue si longtemps d'être le plus *civilisé* et le plus *poli* de toute l'Europe?

Non, l'instruction ne suffit pas à une enfant; il lui faut encore l'*éducation*.

Quelle différence y a-t-il entre une enfant de la bourgeoisie * et une petite fille de la classe ouvrière? L'une vaut-elle plus que l'autre parce qu'elle est mieux habillée, qu'elle a des parents plus aisés, parce qu'une bonne la suit dans la rue, parce qu'elle va en classe au lycée de filles ou dans un pensionnat à la mode? *Non, ces avantages ne constituent pas une supériorité.*

Quand la fillette des classes ouvrières est aussi

« bien élevée » que la petite bourgeoise il y a entre elles *égalité parfaite*.

Mais il arrive trop souvent encore que l'enfant de la bourgeoisie est mieux élevée, ses parents ayant plus de temps à lui consacrer. Eh bien, il faut que vous mettiez votre amour-propre * à effacer cette dernière distinction. Il faut que vous soyez, vous aussi, *de bonne éducation* parce qu'il faut que le *peuple*, dont vous êtes les filles, qui a pour lui le *nombre* et la *force*, achève de conquérir *en fait* cette *égalité* proclamée *en droit* depuis 1789.

5. Qu'est-ce que la bonne éducation? — Mais, direz-vous, qu'est-ce que cette bonne éducation qui a tant de prix ?

Nous vous répondrons qu'une enfant bien élevée se distingue de celle qui ne l'est pas par sa tenue et par ses actes, ou, en d'autres termes, par *sa manière d'être* et par *sa manière d'agir*.

La *manière d'être* d'une petite fille comprend bien des choses différentes et qui, dans leur ensemble, la distinguent des autres, et font qu'elle n'est pas *pareille* à toutes les enfants de son âge. Si nous avions tous la même manière d'être, nous nous ressemblerions tous. Chacun de nous a, au contraire, sa marque personnelle à laquelle nous attribuons une valeur propre.

C'est ainsi que, dans le langage courant, nous employons des expressions destinées à qualifier la manière d'être d'une personne.

Nous disons, par exemple, qu'elle est « agréable », « désagréable », « charmante », « déplaisante »; ou encore qu'elle paraît « molle », « nonchalante », « énergique », « active ».

Chacune de ces expressions indique ce qui nous frappe le plus dans sa manière d'être.

Ce que l'on dit d'une grande personne, on le dit également d'une enfant. C'est donc à elle de mériter, par *sa manière d'être*, qu'on lui applique un qualificatif élogieux, et nous allons chercher ensemble comment elle pourra y parvenir.

Résumé.

1. Les lois de 1881-82, dues à Jules Ferry, ont rendu l'école *gratuite* et *obligatoire*.

2. Depuis lors toutes les enfants de France peuvent s'instruire, puisque l'État a déchargé les familles de la rétribution scolaire.

3. L'instruction ne suffit pas à une fillette; il faut encore qu'elle soit bien élevée si elle veut être *bien vue* dans la société.

4. L'éducation efface plus sûrement que l'instruction la distance qui sépare encore l'enfant du peuple de l'enfant de la bourgeoisie.

5. C'est un devoir pour chacune de vous de travailler à sa propre éducation.

CHAPITRE II

Des soins hygiéniques du corps.

PROPRETÉ GÉNÉRALE

6. La propreté entretient la santé. — De
très bonne heure une enfant bien élevée a le souci
de soigner elle-même son
corps, c'est-à-dire de l'entretenir dans un *parfait
état de propreté*. Elle a à
cœur de décharger sa
mère, toujours si occupée,
d'un travail dont *elle seule
profite*. Elle sait, en outre,
que sans la *minutie* * *quotidienne* des soins de propreté, la santé s'altère
vite. N'a-t-elle pas vu autour d'elle des enfants
chez qui une écorchure,
une égratignure détermi-
nent un doigt blanc (fig. 1),
une plaie longue à guérir,
d'autres atteintes de maux
d'yeux ou d'oreilles, de
boutons d'aspect repoussant, affligées par des maux
à la tête qui amènent la perte des cheveux? Comment

Fig. 1. — Une égratignure déter-
mine un doigt blanc.

expliquer ces accidents? presque toujours, si l'on y regarde de près, par un *manque habituel* de propreté.

Il dépend donc de nous, dans une très large mesure, d'entretenir notre santé par les soins hygiéniques ou de propreté que nous prenons de notre corps.

7. La propreté aide au développement du corps. — Cette hygiène est d'autant plus importante que le corps n'a pas encore atteint toute sa croissance; il a particulièrement besoin, à l'âge où vous êtes, d'être maintenu dans les conditions de force et de vigueur nécessaires à son développement. Les enfants qui ne grandissent pas, qui s'étiolent *, au lieu de s'épanouir comme la fleur succédant au bouton, qui restent *rachitiques* *, *malingres* * (fig. 2), auraient souvent mieux poussé, grâce à plus de propreté.

8. La propreté est le signe que l'âme se développe. — En même temps que la propreté du corps lui assure un plus complet développement, elle montre que l'*âme* aussi se développe et s'épanouit *.

Fig. 2. — Fleurs rachitiques à côté d'une fleur bien portante.

L'enfant qui ne veut pas rester au rang des *êtres inférieurs* ou des animaux prend soin de son corps, parce qu'il est comme le *vêtement extérieur* et apparent de *son intelligence*, de *ses sentiments*, de *sa volonté*, qui, sans lui, ne pourraient pas se faire connaître aux autres. Elle sait que son devoir vis-à-vis d'elle-même, et vis-à-vis des autres, est d'être propre.

Voilà comment la propreté appartient tout à la fois à l'*hygiène* et à la *morale*.

9. Propreté générale du corps. — Nous nous occuperons d'abord de la *propreté générale* du corps. Nous entrerons ensuite dans des détails relatifs à la propreté de certaines de ses parties, qui demandent des soins particuliers.

Il ne suffit pas, en effet, pour être *vraiment propre* de nettoyer *en gros* toute sa personne; il suffit encore moins, de laver ses mains et son visage par la raison *qu'on les montre*. Ce serait là une propreté apparente

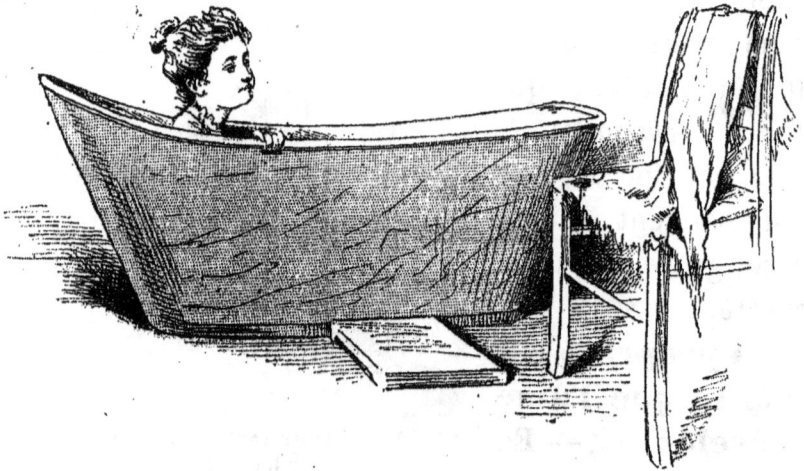

Fig. 3. — La propreté générale du corps a comme condition essentielle les grands bains très fréquents.

et qui ne satisfait pas une enfant qui a conscience de ce qu'elle se doit à elle-même.

La propreté générale du corps a comme condition essentielle les grands bains très fréquents (fig. 3), ou, si l'on ne peut en prendre, des lavages de la tête aux pieds *à l'eau et au savon.*

Dans l'eau que l'on emploie on fait *dissoudre**, de temps en temps, assez de *cristaux de soude** pour qu'elle devienne légèrement *blanchâtre.*

Une éponge ne vaut rien pour ces grands lavages. Elle est toujours trop douce et ne débarrasse pas la peau des *sécrétions* * qui ont pu sécher à sa surface et former avec la poussière qui se dépose sur nous une sorte d'*enduit* peu *perméable**. Au contraire une *serviette rude,* qui par son bon marché est à la portée de toutes les bourses,

Fig. 4. — Éponge et serviette.

convient parfaitement pour débarrasser la peau de ses impuretés (fig. 4).

10. Avantages de l'eau froide. — L'eau *froide* que l'on se *procure partout*, et toujours en *quantité suffisante*, est préférable à l'*eau chaude*, parce qu'elle *fortifie* et *raffermit* les chairs et donne de la *vigueur* aux membres : il suffit de s'y habituer pour la trouver *très agréable* même en hiver.

11. Le savon. — Le *meilleur savon* pour la toilette, le plus hygiénique, est le *savon blanc de Marseille.* Sa composition le rend très sain pour la peau, qu'il guérit, le plus souvent, des rougeurs et des boutons.

Tous les savons dont on se sert ordinairement pour la toilette sont *dangereux*, surtout quand ils sont à très bas prix, comme ceux que l'on vend dans les *bazars**, par exemple. On emploie pour les *colorer* et les *parfumer* des substances nuisibles telles que des *sels de plomb, de cuivre, d'arsenic **, ou des essences minérales extraites des *goudrons * de houille* : les unes et les autres attaquent la peau et la brûlent.

Après ces grands lavages quotidiens, il est très bon de frotter vigoureusement tout son corps avec sa main ou avec une grosse toile sèche. Ces frictions développent la chaleur, donnent aux membres de l'élasticité et de la vigueur. Elles sont la meilleure des gymnastiques pour entretenir la santé et favoriser la croissance.

12. Ce qui se voit et ce qui ne se voit pas. — Dès qu'une enfant fait sa toilette seule (fig. 5), elle doit être bien persuadée que les soins de propreté sont plus spécialement nécessaires, au point de vue de l'hygiène et du respect que l'on se doit à soi-même, pour toutes les parties du corps que l'air ne *purifie* pas, n'*assainit* pas, par un contact direct et bienfaisant.

Fig. 5. — Enfant faisant sa toilette seule.

Par *coquetterie* déjà, ou par amour-propre, elle ne

voudrait pas se montrer avec la figure malpropre. On le lui pardonnerait volontiers, pourtant, si l'on était assuré de trouver, chaque jour, son corps d'une *irréprochable* propreté.

Mais combien s'imaginent qu'il suffit de le laver en entier le *dimanche* ou tout au plus le *dimanche* et le *jeudi*! Celles-là sont malpropres et paresseuses, car, avec plus d'*activité*, elles ne reculeraient pas devant des soins *quotidiens* et trouveraient du temps à leur consacrer. Elles seraient du reste bien vite récompensées de leur peine par le bien-être et la vigueur qu'elles éprouveraient, au lieu de ces *lassitudes*, de cet *accablement* dont elles se plaignent souvent.

13. Ce qu'il faut pour faire sa toilette. — Le *matériel nécessaire* à la toilette générale du corps est des plus élémentaires et des moins *dispendieux*. Il comprend deux cuvettes, grandes, pour qu'on puisse se laver à grande eau. L'une sert pour le visage, les bras; l'autre pour les pieds et le reste du corps. La première peut être en *faïence commune*, la seconde en *cuir bouilli*, incassable et inusable. Si l'on n'a qu'une cuvette à sa disposition, on prend soin d'y passer un peu d'eau propre et de l'essuyer avant de s'en servir pour la figure et le haut du corps.

Le matériel dont nous parlons comprend, en outre, des *serviettes grossières*, mais *toujours propres* et par conséquent changées souvent, du savon blanc de Marseille et des cristaux de soude.

Quelle est la mère qui ne donnera pas à sa fille des objets de première nécessité aussi peu coûteux? Quelle est celle qui ne lui accorde, en *fantaisies* et en *gâteries*, plus d'argent qu'ils n'en représentent? Aucune, assurément. Demandez donc à vos mères ce qu'il vous faut pour être propres.

Passons maintenant en revue les parties du corps dont la disposition est telle que des précautions et des procédés particuliers de nettoyage parviennent seuls à les tenir en bon état.

Le *visage*, les *mains*, les *pieds*, les *cheveux* vont nous occuper successivement.

Résumé.

1. Une enfant *bien élevée* est toujours une enfant *très propre*.

2. Elle a soin de son corps pour le conserver en parfait état de santé, la propreté étant la meilleure hygiène.

3. Elle en a soin par respect d'elle même, parce qu'il est honteux et humiliant d'être malpropre.

4. La propreté générale du corps s'obtient par les grands bains et les lavages des pieds à la tête aux cristaux de soude et au savon blanc, suivis de frictions faites avec la main ou une serviette rude.

5. Les soins de propreté sont particulièrement nécessaires pour les parties du corps que l'air ne purifie pas.

LE VISAGE

14. Imprévoyance des enfants. — Quand on est enfant on ne croit pas aux changements que l'âge entraîne. Il semble que l'on conserve toujours une peau fraîche et lisse, un teint clair et reposé. Dès ce moment, il est bon pourtant de prendre de son visage des soins qui lui conservent le plus longtemps possible sa jeunesse.

15. Ce qu'une fillette doit savoir. — Une fillette doit savoir qu'il est *très mauvais* de plonger son visage dans l'eau d'un *ruisseau* ou d'une *fontaine* pendant une promenade à la campagne. Le grand air, *qu'il soit froid ou chaud*, le soleil, le vent agissent sur ce visage humide pour en durcir et en gercer * la peau, pour la couvrir de ces vilaines *taches de son* ou de *rousseur* que vous connaissez toutes.

Pour les mêmes raisons, il faut éviter de se laver le visage *immédiatement* avant de sortir. Il suffit de le bien laver matin et soir, sans recommencer cette toilette dans la journée, à moins de circonstances exceptionnelles. *On la fait à l'eau froide.*

16. Usage de l'eau chaude. — Cependant après un séjour prolongé à l'air trop vif, après un coup de soleil *, rien n'adoucit plus sûrement la peau, devenue brûlante et douloureuse, qu'un lavage à l'*eau très chaude*. On peut même, dans ce cas, y faire fondre deux ou trois petits morceaux d'amidon * ou une pincée d'acide borique.

Fig. 6. — Enfant protégeant ses yeux contre une lumière trop vive.

Si l'on a des yeux délicats, trop sensibles à la

lumière un peu vive (fig. 6) ou au vent, vite fatigués quand on s'applique à un travail quelconque, il faut les bassiner * matin et soir avec de l'eau aussi chaude qu'on pourra la supporter et boriquée. L'acide borique se trouve chez tous les droguistes * sous forme de *parcelles blanches, brillantes, très légères*. Il coûte ordinairement de 0 fr. 65 à 0 fr. 75 les 250 grammes. Dans les cas où nous venons de conseiller son emploi, une cuillerée à café suffit pour un litre d'eau environ.

Quand on vient de laver son visage il faut toujours avoir la précaution de l'essuyer, jusqu'à ce qu'il ne conserve plus aucune humidité.

17. Quand faut-il se servir du savon? — L'usage quotidien du savon ne serait pas bon pour la figure. Il faut le réserver pour les jours où l'on s'est particulièrement salie, soit d'une manière accidentelle, comme cela arrive en voyage, soit par suite d'une besogne malpropre, d'un nettoyage de maison, etc.

L'eau, dans ces cas-là, ne suffit pas, en effet. Elle ne débarrasse pas le visage des matières grasses, charbonneuses, terreuses ou autres et il faut avoir recours au savon.

18. Guérisons des gerçures. — Enfin les gerçures du visage qui suivent une insolation *, celles des lèvres et du nez après un rhume de cerveau, seront guéries à coup sûr, si on les enduit de *vaseline boriquée*.

Retirée des *goudrons de houille*, la vaseline est un corps gras qui ne rancit pas et ne s'altère pas au contact de l'air. Étendue sur la peau, elle y adhère parfaitement et l'isole ainsi de l'air. Elle est par elle-même *antiseptique*, c'est-à-dire *qu'elle guérit* et empêche la putréfaction, mais elle le devient plus complètement encore quand elle est mélangée à l'acide borique. On la trouve pure ou boriquée chez tous les pharmaciens et son prix est peu élevé.

Résumé.

1. Pour conserver la *fraîcheur du visage*, il ne faut pas le mouiller en plein air, ni au moment de sortir.

2. Quand il est brûlé par le soleil ou par l'air trop froid, il vaut mieux le laver à l'eau très chaude ou additionnée d'amidon ou d'acide borique.

3. On *fortifie ses yeux* en les baignant dans de l'eau boriquée très chaude.

4. Il faut savonner son visage chaque fois qu'il a été sali par une cause accidentelle.

LES MAINS

19. Une enfant bien élevée a toujours les mains soignées. — Alors même que le jeu, les travaux du ménage l'ont momentanément salie, il est facile de distinguer une main habituellement soignée de celle qui ne l'est pas.

L'enfant oisive n'a pas de peine à avoir des mains en bon état; mais la fillette qui aide sa mère dans les travaux du ménage a besoin de s'habituer à soigner les siennes, si elle veut les conserver douces et souples.

20. A quoi servent les mains soignées. — Ces qualités lui sont nécessaires pour deux raisons : elles l'aideront plus tard à devenir une habile ouvrière; elles font de la main un véritable instrument de sociabilité *.

Vous voyez deux personnes s'aborder; elles se tendent mutuellement la main et la serrent (fig. 7). Vous êtes-vous jamais demandé ce que signifie cet usage? Il est un signe de l'amitié ou tout au moins des sentiments bienveillants de ces personnes, à l'égard l'une de l'autre.

Mais pour que nous trouvions du plaisir à cet usage, il faut que la main que nous prenons soit agréable à toucher.

Malpropre, *sèche* et *dure*, elle nous est désagréable quand elle ne va pas jusqu'à nous dégoûter. C'est pour éviter aux autres cette impression pénible et c'est par respect pour nous-mêmes que nous devons soigner nos mains.

Fig. 7. — En s'abordant deux personnes se tendent la main.

21. Matériel nécessaire aux soins des mains. — En quoi consistent les soins à donner aux mains? Ils exigent d'abord un matériel très simple que toute fillette peut obtenir : une paire de *bons ciseaux* (fig. 8), un *morceau de pierre ponce*, une *brosse* (fig. 9), de l'*eau* et du *savon à discrétion*.

Il va sans dire qu'une enfant propre lave et savonne

ses mains le matin, le soir, avant et après chaque repas. Elle ne s'en tient pas là et les passe à l'eau, autant que possible sans les savonner, chaque fois qu'elle s'est livrée à quelqu'un de ces travaux qui salissent les mains.

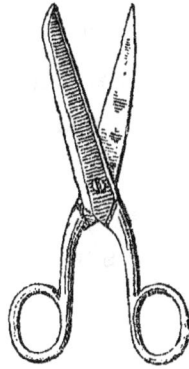

Fig. 8. — Ciseaux.

Après chaque lavage, elle sèche parfaitement ses mains surtout entre les doigts, sous les ongles, dans les moindres plis, car l'humidité que gardent ces différentes parties contribue à gercer la peau. L'hiver, elle favorise les engelures* et les crevasses*. En outre, des mains mal essuyées se salissent beaucoup plus facilement que des mains bien séchées.

Fig. 9. — Brosse.

22. Comment on enlève les taches des mains. — Après avoir épluché des fruits, des légumes, allumé le feu, il ne suffit pas toujours de laver ses mains pour qu'elles redeviennent bien nettes; il faut quelquefois recourir à des moyens spéciaux; par exemple, les taches de fruits, de légumes ou d'encre disparaissent si on les frotte avec un morceau de *citron*, de *tomate mûre*, ou une *feuille d'oseille*, selon ce dont on dispose.

23. La pierre ponce. — *En tout temps* on peut avoir à son service une *pierre ponce** que l'on aura achetée chez un droguiste pour 0 fr. 15 ou 0 fr. 20, et

qui ne s'usera pas. Voici comment on s'en sert. On
savonne d'abord ses mains, puis on frotte avec cette
pierre les parties tachées qui redeviennent propres
tout aussitôt. On l'emploie de la même manière pour
enlever les marques laissées par l'aiguille au bout de
l'index* gauche, et pour assouplir l'intérieur des doigts
et de la main, dont la peau se durcit et s'épaissit vite,
à cause de son contact incessant avec toutes sortes
d'objets.

24. Gerçures des mains : leur guérison. —
Rien n'est laid, gênant, douloureux même comme des
gerçures ou des crevasses aux mains. Si elles four-
nissent à l'enfant paresseuse un prétexe pour se dispenser de travailler de ses mains, elles sont insupportables à l'enfant active et désireuse de n'inspirer
ni pitié ni dégoût. On les guérit en enduisant ses
mains encore mouillées d'un peu de glycérine* ; puis,
après les avoir bien frottées l'une contre l'autre, on
les essuie avec soin.

On peut encore, mais cette fois, après les avoir
séchées, enduire ses mains d'une petite quantité du
mélange suivant :

Eau.............................. 1 partie.
Glycérine....................... 1   —
Eau de Cologne ou de lavande...... 1   —

Le mélange ne graisse pas, de sorte qu'on peut se
livrer à n'importe quel travail aussitôt après l'avoir
employé.

La vaseline boriquée, étendue en couche très légère
sur la main malade, la guérit aussi.

25. Les ongles : ils font juger la main. — Les
ongles, sans doute parce qu'ils terminent les doigts,
attirent tout d'abord l'attention.

Quand ils sont malpropres, mal taillés, la main est jugée sévèrement. L'enfant qui veut les avoir toujours propres doit avoir soin de ne pas les porter trop longs. Elle les brosse chaque fois qu'elle savonne ses mains, et passe ensuite en-dessous le bout de ses ciseaux pour détacher et enlever les impuretés qui y sont restées collées. Elle prendra garde que la pointe aiguë et coupante des ciseaux ne détache pas l'ongle de la peau qui le retient. Celle-ci, en se desséchant, deviendrait noire et, par transparence, donnerait à l'ongle un aspect malpropre.

Dès que ses ongles s'allongent trop, elle les taille, avec ses ciseaux, de manière à les arrondir légèrement vers le milieu en diminuant les coins. Une enfant un peu adroite n'a besoin de personne pour lui rendre ce service.

Il arrive souvent que des enfants étourdies, maladroites, cassent leurs ongles, les déchaussent, arrachent, au

Fig. 10. — Enfant se rongeant les ongles.

lieu de les couper bien vite, les petites peaux qui se soulèvent aux coins des doigts. Pour éviter ces accidents qui enlaidissent à plaisir leurs mains, elles n'ont

qu'à faire un petit effort d'attention. Elles n'y man-
queraient pas si elles avaient pris de bonne heure
l'horreur de tout ce qui est laid et malpropre.

**26. Pourquoi on ne doit pas ronger ses
ongles.** — D'autres rongent leurs ongles (fig. 10).
Avons-nous besoin de dire combien ce *tic* les fait mal
juger? Il donne à leurs mains un aspect repoussant,
qui devrait les faire rougir, et, de plus, il nuit sérieu-
sement à leur santé. Il les fait juger pour ce qu'elles
sont : des enfants sans énergie et sans respect d'elles-
mêmes. Contre ce malheureux tic, nous ne connais-
sons qu'un remède : il faut **vouloir** s'en corriger.

Résumé.

1. Des mains *soignées* sont plus *adroites* que
des mains calleuses *; elles sont aussi plus agréables à toucher et ne dégoûtent personne.

2. Des mains soignées sont toujours très propres, ont la peau douce, les ongles nets, bien
coupés, jamais cassés, ni rongés.

LES PIEDS

**27. Le bain de pieds ne doit pas être un
événement.** — Une petite fille longeant l'Isère,
grossie par les pluies et devenue couleur d'ardoise,
s'écriait un jour : « Oh! maman, qu'elle est sale! *On
dirait qu'on s'est lavé les pieds dedans!* » Tout en riant
de cette exclamation, nous songions, avec dégoût, à
la malpropreté habituelle des pieds de cette enfant.
Elle appartenait évidemment à cette catégorie de

personnes pour qui un bain de pieds devient, *en raison de sa rareté*, un véritable événement. Entre ces bains

Fig. 11. — Après chaque lavage, il faut prendre la peine
de bien essuyer ses pieds.

si espacés on a des pieds dégoûtants et qui font souffrir.

Une enfant bien élevée n'accepte ni l'un ni l'autre

de ces inconvénients. Elle veut jouir d'un continuel bien-être; elle veut marcher bien et sans fatigue; elle tient enfin à ne pas rougir de la couleur de ses pieds, pour elle d'abord et pour les autres, si un accident l'obligeait à les montrer. Aussi les lave-t-elle *tous les jours*, le soir ou le matin, selon le temps dont elle dispose pour faire sa toilette; mais de préférence le matin, parce qu'elle se couche de bonne heure, c'est-à-dire avant que sa digestion soit faite.

28. Comment on lave ses pieds, chaque jour. — Ce lavage quotidien se fait rapidement parce qu'il s'agit d'entretenir la propreté des pieds, non de les décrasser.

Il se fait le plus souvent à l'eau, quelquefois à l'eau et au savon, si la journée a été très chaude, si l'on a marché beaucoup et dans la poussière, ou si l'on a porté des bas qui déteignent.

Après chaque lavage, il faut prendre la peine de bien essuyer ses pieds, entre les doigts, dessus, dessous (fig. 11). Quand ils restent humides, *l'hiver*, ils se refroidissent plus facilement, et alors arrivent les *engelures*; *l'été*, cette humidité peut échauffer la peau qui devient très sensible et ne permet plus de longues marches.

29. La transpiration * des pieds : manière de la guérir. — L'échauffement excessif des pieds se traduit souvent par une transpiration très désagréable parce qu'elle rend le pied douloureux et parce qu'elle dégage une odeur fétide *.

On croit communément qu'il est dangereux de guérir cette infirmité et peut-être, en effet, l'emploi de remèdes violents est-il mauvais. Mais des soins de propreté hygiénique peuvent la faire disparaître sans inconvénients. Non seulement il faut, en pareil cas, *changer de bas tous les jours*, mais encore laver ses pieds matin et soir avec de l'eau boriquée : une cuillerée à soupe dissoute dans un litre d'eau chaude.

On peut compléter ce traitement si simple en frictionnant ses pieds, le dessous surtout, avec de l'alcool pur pour les fortifier.

30. Comment on conserve ses pieds souples. — Si vous voulez conserver des pieds très souples, propres à la marche, frottez-les de temps en temps avec votre pierre ponce * pendant qu'ils sont mouillés et savonnés.

Grâce à ce procédé, la peau ne s'épaissit pas sous la plante des pieds, au talon, au bout des doigts, et les *ampoules* *, les *durillons* * ne se forment jamais. Une enfant qui l'emploierait régulièrement *une fois par semaine au moins*, serait à l'abri des cors *, des oignons *, dont tant de grandes personnes se plaignent et qui sont pour elles une véritable torture.

Le pied bien soigné reste aussi souple, aussi doux que la main, ce qui est à la fois *joli* et *favorable à la marche*.

31. Les ongles des pieds. — *Les ongles des pieds doivent être aussi propres que ceux des mains*. Si vous voulez les empêcher de s'épaissir et de devenir durs comme des griffes, polissez-les doucement avec la pierre ponce. De temps à autre enduisez-les d'une légère couche de vaseline boriquée pour les empêcher de s'écailler ou de trop durcir. Ayez soin de ne pas les porter longs et de les tailler sans les arrondir autant que ceux des mains. Pourtant les *coins* ne doivent pas restés *aigus*, car ils ne tarderaient pas, sous la pression du soulier, à entrer dans les chairs, en poussant.

32. Ongle incarné. — *L'ongle qui pousse dans la chair est dit incarné,* et il ne peut être guéri que par une opération chirurgicale * très douloureuse. Il est très facile à prévenir quand on coupe bien et en temps voulu les ongles de ses pieds.

Résumé.

1. Des *pieds lavés* tous les jours sont à l'abri des durillons, des cors, des oignons.

2. Ils restent souples, ne s'échauffent pas, n'ont pas d'odeur, ne se fatiguent pas dans les longues marches.

3. Les ongles des pieds doivent être aussi soignés que ceux des mains.

LES DENTS

33. Il faut entretenir ses dents dans un grand état de propreté. — Aussitôt que vous avez votre seconde dentition au complet, vous oubliez les souffrances, les angoisses terribles, pour une pauvre petite fille de six à huit ans, qui ont accompagné la chute ou l'extraction de vos dents de lait. Il vous semble que ces dents toutes neuves et souvent très blanches qui garnissent votre bouche resteront toujours telles qu'elles sont.

Cependant, regardez autour de vous. Combien de jeunes filles, de femmes encore jeunes, ont une mâchoire dégarnie ou parsemée de dents noires, tachées, ébréchées, peut-être même y en a-t-il déjà parmi vous dont les dents ne sont plus au complet ou plus irréprochables. Non seulement ces mâchoires en mauvais état enlaidissent le visage, mais encore avez-vous songé aux souffrances qu'il a fallu supporter pour voir gâter ses dents?

34. Influence des mauvaises dents sur l'estomac. — Ajoutez à cela que les mauvaises dents sont presque toujours la cause des maladies de l'estomac, qui a trop de travail à faire puisqu'il reçoit des aliments incomplètement mâchés. De là des *digestions* mauvaises et une assimilation * insuffisante.

Laideur et douleur vont ici de compagnie : comment s'en préserver?

35. Comment on conserve ses dents. — Le plus souvent on conserverait des dents en bon état si on les soignait. Mais, comme leur disposition rend ces soins assez compliqués et qu'on ignore les bons effets qu'ils auraient, on les néglige.

Vous savez comment nos dents, placées à côté les unes des autres, ont entre elles des vides qui sont comme autant de petits couloirs, dans lesquels vont se loger et s'accumuler des parcelles de tout ce que nous mangeons. Qu'arrive-t-il si nous ne trouvons pas le moyen de les en déloger? Comme ce sont des *matières organiques* *, elles fermentent et se corrompent rapidement sous l'action des *sucs* contenus dans la *salive*. Dans cet état, leur contact prolongé avec l'émail * des dents, l'attaque, le détruit, et la pulpe dentaire mise à nu est atteinte à son tour : bientôt *la dent est perdue.*

En même temps ces matières corrompues empoisonnent l'haleine *, et l'on souffre, tout en incommodant les autres.

Quelle est celle d'entre vous qui consentirait à introduire dans sa bouche, et à y garder un morceau de viande pourrie, par exemple? Vous reculez toutes d'horreur à cette idée! Pourquoi alors consentez-vous à garder entre vos dents tous ces débris corrompus?

36. La brosse à dents : manière de s'en servir. — Si vous voulez avoir les dents propres, et par suite *longtemps saines*, il vous faut *une brosse* à leur usage. Elle doit être plutôt *dure* que *douce*, pour *frotter fort*; plutôt *petite* que *grande*, pour pénétrer dans les *plus petits recoins*. Vous la conserverez en parfait état de propreté en la rinçant à l'eau fraîche après vous en être servi, et vous l'exposerez à l'air pour la faire sécher (fig. 12).

Fig. 12. — Brosse à dents séchant.

Sans ces précautions, la base des crins pourrit très vite et la brosse est alors hors de service.

On brosse ses dents le matin, après le repas de midi et le soir avant de se coucher; de cette manière une petite fille un peu délicate ne craindra pas d'avoir la bouche remplie de ces petits organismes vivants et malfaisants qu'on appelle *microbes*.

On passe vigoureusement la brosse sur ses dents de gauche à droite, puis de bas en haut, pour que les crins pénètrent dans les intervalles vides et en chassent les débris d'aliments; enfin on la passe à plat, sur la *surface horizontale* des grosses dents.

La brosse pique-t-elle un peu les gencives, les fait-elle saigner, il ne faut pas s'inquiéter : c'est quelquefois un bon moyen de soulager des gencives engorgées par un amas de sang.

37. L'eau ne suffit pas à nettoyer les dents. — Quand vous lavez vos dents avec une brosse trempée dans l'eau pure, vous n'obtenez pas une propreté suffisante.

Croiriez-vous avoir lavé une assiette grasse parce que vous l'auriez plongée dans l'eau froide? Le cas est le même, car l'eau glisse sur l'émail de la dent comme sur le vernis graisseux de l'assiette. Habituez-vous à couvrir votre brosse de savon de Marseille, avant de vous en servir.

Le goût du savon vous paraîtra désagréable les premiers jours, mais vous vous y ferez vite et vous éprouverez ensuite un véritable plaisir à sentir vos dents propres.

38. Poudre dentifrice. — Chaque petite fille peut du reste fabriquer à bas prix, pour elle et pour les siens, la poudre dentifrice suivante : Elle écrasera du fusain* pour en faire une poudre très fine dont elle mélangera *sept parties à deux parties de poudre de quinquina** et à *une partie* de *poudre de camphre** achetées chez le pharmacien.

Fig. 13. — Enfant riant en découvrant ses dents.

Après avoir fait ce mélange on le passe au travers

d'un linge très fin pour qu'il ne retienne aucun éclat de camphre ou de fusain. On met un peu de cette poudre, une ou deux fois par semaine, sur sa brosse à dents et, après avoir bien frotté, on se rince la bouche à l'eau fraîche.

Ces soins journaliers conserveront vos dents et les préserveront de toute mauvaise odeur. Ils vous permettront de rire sans craindre de les découvrir (fig. 13) et garderont longtemps à votre visage un de ses plus grands charmes.

Résumé.

1. Les *dents* sont un ornement du visage et une *condition essentielle* du bon fonctionnement de l'estomac.

2. La propreté les conserve en les débarrassant de tous les débris d'aliments qu'elles retiennent pendant les repas et qui se corrompent dans la bouche, en gâtant l'haleine.

3. Aussi est-il nécessaire de les *brosser* avec du savon après chaque repas et, le plus souvent possible, avec une poudre composée de fusain, de camphre et de quinquina.

LES CHEVEUX

39. On a bonne opinion d'une enfant bien peignée. — La coiffure d'une enfant dénote les soins qu'elle prend de sa personne.

La voit-on sans cesse dépeignée, échevelée (fig. 14),

on pense qu'elle trouve ce perpétuel désordre assez bon pour elle et pour ceux qui l'approchent : elle n'a donc ni respect pour elle-même, ni respect pour les autres.

Au contraire, quand l'arrangement simple et propre de ses cheveux fait un gracieux cadre à sa figure, on sent que, étant bien élevée, elle tient à être toujours très correcte, très convenable.

40. Fausse coquetterie. — Il nous est arrivé de voir des fillettes de dix ans, douze ans, la tête hérissée de

Fig. 11. — Enfant dépeignée, échevelée.

petits papiers entortillés autour d'une mèche de cheveux et cela à une heure déjà avancée de la journée. Toutes ont pourtant un miroir, si petit qu'il soit, à leur portée. Comment n'ont-elles pas rougi de se voir si laides, si ridicules et pour aboutir à quoi? A être plus jolies, croient-elles, pendant quelques heures. Mais sont-elles bien sûres d'être plus jolies? Ces cheveux mal frisés que le vent, les jeux font vite pendre en mèches pleurardes leur vont très mal.

Combien l'enfant qui porte les siens peignés en arrière et retombant en natte dans le dos (fig. 15), ou qui a le front garni d'une très légère frange de cheveux coupés droits, est plus agréable à voir! De plus, elle ne sera jamais embarrassée si la mode change,

parce qu'elle n'aura pas des cheveux cassés, torturés, raidis par des essais de frisures.

Plus tard la jeune fille cherchera une coiffure qui, tout en restant simple, convienne à sa figure et la rende plus attrayante. Pour la fillette, une seule est jolie : c'est la natte dans le dos. Mais encore faut-il que les cheveux ainsi disposés soient eux-mêmes jolis, et *ils le seront toujours s'ils sont bien entretenus*.

Fig. 15. — Enfant dont la chevelure est en ordre.

41. Les cheveux se salissent facilement. — Vous êtes-vous jamais demandé si les cheveux sont, par eux-mêmes, *propres* ou *sales?*

Eh bien, sachez-le, ils sont *plutôt sales*, et voici pourquoi.

Ils empêchent l'air d'arriver au cuir chevelu qui, par suite, ne se débarrasse pas des matières grasses dont la transpiration le recouvre. D'autre part, ils accrochent au passage toutes les poussières que l'air charrie. Aussi, quand ils sont très épais surtout, sentent-ils quelquefois mauvais.

42. Faut-il se laver la tête et comment? — Pour prévenir cette odeur ou pour s'en débarrasser, il faut que la tête soit lavée. Il le faut encore pour la maintenir en bon état, pour éviter les maladies du cuir chevelu, ou la *présence d'insectes* qu'une voisine de classe malpropre peut toujours vous communi-

quer. Votre mère trouvera le temps de vous rendre
ce service, si vous le lui demandez; mais si vous
voulez vous donner un peu de peine, vous arriverez
à laver vous-même votre tête.

Vous emploierez pour ce lavage un verre d'eau
tiède dans lequel vous aurez fait fondre du savon
de Marseille. Vous
écartez bien vos
cheveux avec vos
doigts, de place en
place, et vous frot-
tez la peau mise à
nu, avec une main,
tandis que vous ver-
sez de l'autre un peu
de votre préparation
(fig. 16). Vous rincez
ensuite votre tête à
l'eau claire, tiède.
Le lavage terminé,
vous essuyez vigou-
reusement votre tête
avec un linge sec,

Fig. 16. — Enfant se lavant la tête.

puis vous laissez vos cheveux épars sur votre dos,
jusqu'à disparition complète de toute humidité.

**43 Autres moyens d'entretenir la propreté
des cheveux.** — On ne peut pas se laver la tête
souvent, parce que cette opération est longue, tandis
que l'on peut chaque jour donner très rapidement à
ses cheveux certains soins nécessaires à leur entretien et à leur conservation. C'est ainsi que chaque
matin on les brosse du haut en bas, en évitant de les
tirer, pour aller plus vite, quand ils sont emmêlés.

Dans ce cas, on les prend dans sa main et on fait avancer le peigne doucement, *dans le sens de la longueur*, afin de les séparer sans les casser. Quand on a fini de les peigner, on les prend par le bout et on les secoue fortement pour achever d'en chasser la poussière et pour faire pénétrer l'air jusqu'à la racine. Il ne reste plus alors qu'à les natter.

Le soir, avant de se coucher, on défait rapidement sa natte, on secoue et on brosse ses cheveux ainsi défaits. Après les avoir aérés et nettoyés, on les natte de nouveau, pour les laisser pendre toute la nuit sur son oreiller.

44. Objets nécessaires à l'entretien des cheveux. — Le matériel nécessaire à l'entretien de la chevelure comprend : *une brosse, un peigne à démêler, et un peigne fin dit à décrasser* (fig. 17). Les deux peignes doivent

Fig. 17. — Peignes et brosse.

être de bonne qualité si l'on ne veut pas que les dents se fendent et s'écaillent très vite.

Dès qu'elles sont en mauvais état, elles accrochent les cheveux, les cassent, ce qui est douloureux et les rend bientôt clairsemés.

45. Dangers des peignes en métal. — *Rien n'est plus dangereux que les peignes en métal.* S'ils sont en *plomb*, ils peuvent à la longue produire une sorte d'empoisonnement, par leur contact répété avec la peau de la tête. S'ils sont en *fer*, ils se rouillent rapidement et les dents n'étant plus lisses, accrochent et arrachent les cheveux.

Il faut se garder d'employer tous les jours le peigne fin. Ses dents, plus pointues que celles du démêloir, irritent le cuir chevelu, qui se détache par très petites écailles appelées *pellicules*. *Les pellicules amènent toujours la chute des cheveux et les empêchent de repousser.*

Brosses et peignes à cheveux seront toujours parfaitement propres. Il suffit pour cela de bien secouer sa brosse et de passer les cheveux tombés entre les dents des peignes, aussitôt après qu'on s'en est servi.

46. Nettoyage des peignes et brosses. — De temps en temps, on les lave (en ayant soin de ne pas faire tremper dans l'eau le bois de la brosse), soit avec du savon blanc, soit avec une pincée de cristaux de soude fondus dans l'eau tiède. On les rince ensuite à l'eau froide; on les essuie avec un linge; on les laisse sécher à l'air.

Résumé.

1. Une enfant bien élevée est toujours *proprement coiffée.*

2. Elle renonce aux frisures artificielles, qui enlaidissent le visage, cassent et durcissent les cheveux. Elle les porte en natte tombante.

3. Pour conserver les cheveux et les préserver de toute mauvaise odeur, elle lave sa tête avec de l'eau tiède et du savon blanc.

4. Chaque matin et chaque soir, elle brosse ses cheveux, les peigne, les secoue pour les aérer et faire tomber la poussière.

5. Elle entretient peignes et brosse dans un parfait état de propreté.

RÉCIT

Antoinette.

UNE PETITE MALHEUREUSE.

Il pleuvait depuis deux jours et l'on entrait en hiver. C'est vous dire que la ville noire, froide, ruisselante d'eau n'était pas gaie à voir. Personne n'avait envie de sortir; et pourtant quelques achats pressés m'obligèrent à me risquer au dehors.

Dans la grande rue, je vis venir à moi une enfant dont l'air triste et misérable me serra le cœur (fig. 18). La pauvre petite, pieds nus, tête nue, le corps à peine couvert par une mauvaise robe malpropre et déchirée, me tendit sa petite main maigre en me demandant « un sou pour acheter du pain ».

« Je ne te donnerai pas de sou, lui dis-je, mais viens avec moi chez le boulanger et je t'achèterai du pain. »

J'avais plusieurs fois adressé la même proposition à des petits mendiants, et chaque fois ils s'étaient sauvés en se moquant de moi. La pauvre petite, au contraire, accepta d'un air tout joyeux et me suivit. Elle prit le pain que lui présentait le boulanger avec tant d'empressement, le serra contre sa poitrine avec une telle joie, qu'elle acheva de m'attendrir.

« Veux-tu venir demain à neuf heures chez moi? lui dis-je alors. Tu me raconteras ton histoire et je te donnerai encore du pain.

— Oh! oui, madame », me répondit-elle joyeuse, et elle s'éloigna en me répétant : « Merci, merci! »

Le lendemain, à l'heure convenue, ma petite mendiante arriva.

Le froid était plus vif encore que la veille, aussi la pauvre enfant tremblait-elle bien fort sous sa mauvaise robe. Ses cheveux, collés par la pluie le long de ses joues,

ses pieds noirs de boue, ses mains et sa figure couvertes
d'une épaisse couche de crasse l'auraient rendue repous-

Fig. 18. — Dans la grande rue, je vis venir à moi une enfant dont l'air
triste et misérable me serra le cœur.

sante, sans le regard bon et triste de ses deux grands
yeux. Je lui donnai bien vite du lait chaud avec un mor-

ceau de pain, et quand elle eut dévoré ce repas avec l'avidité d'une enfant privée, elle me raconta son histoire.

Elle était bien triste, cette histoire de la pauvre petite Antoinette !

Il y avait eu beaucoup d'enfants chez elle et une grande misère parce que le père, après avoir été longtemps malade, était mort. Mais ce qu'il y a de plus affreux, ce que vous aurez de la peine à imaginer, vous qui avez des mères si tendres, si dévouées, c'est que la mère d'Antoinette n'était pas bonne pour elle, ni pour ses frères et sœurs. Aussi les plus âgés étaient-ils partis de la maison, s'en allant mendier ou travailler comme ils pouvaient. Antoinette n'avait que huit ans : où aurait-elle pu aller toute seule et ne sachant rien? Force lui était donc de rester au logis. Sa mère l'envoyait demander l'aumône et la battait, le soir, quand elle ne lui rapportait pas assez de sous. De temps en temps, Antoinette était bien allée à l'école; mais de toutes les écoles qu'elle avait fréquentées, on l'avait renvoyée parce qu'elle manquait trop souvent et aussi parce qu'elle était trop malpropre, trop déguenillée.

Telle était la triste histoire de cette enfant à un âge où vous n'avez eu encore, vous qui la lisez, aucun chagrin sérieux.

La petite m'avait raconté tout cela d'un air doux, résigné, ne se plaignant pas, n'accusant pas ; mais disant sa vie telle qu'elle était.

Tout de suite je jugeai qu'Antoinette était bonne et qu'on pourrait faire d'elle une honnête et laborieuse enfant, à la condition de changer sans retard sa manière de vivre. Mais par où commencer? comment s'y prendre? Il y avait vraiment bien à faire et j'étais presque découragée.

TRANSFORMATION D'ANTOINETTE.

Tant qu'Antoinette garderait son air de pauvresse vagabonde, il était impossible de l'envoyer à l'école, ni de rien changer à ses habitudes de mendicité. C'est donc de son pauvre petit corps lui-même qu'il fallait tout d'abord s'occuper; c'est en lui apprenant à le respecter qu'on lui donnerait le goût du travail qui assure la dignité de notre vie à tous.

La besogne n'était pas facile, encore moins agréable. Je retroussai mes manches et ma robe, que je protégeai à

Fig. 19. — J'entrepris la toilette d'Antoinette.

l'aide d'un grand tablier de cuisine. Ainsi arrangée et munie de beaucoup d'eau, d'un gros morceau de savon blanc et de rudes serviettes, j'entrepris la toilette d'Antoinette, qui se laissait faire, étonnée, même un peu effrayée (fig. 19). Le savon ne suffisant pas, je fis fondre dans l'eau des cristaux de soude, et peu à peu l'épaisse couche de crasse qui recouvrait la peau d'Antoinette disparut.

Mais alors, je vis avec tristesse les terribles effets de la malpropreté habituelle sur la peau tendre et délicate d'une enfant de cet âge.

Le corps d'Antoinette s'était couvert de boutons qu'elle avait grattés et qui formaient autant d'écorchures envenimées, presque aussi laides à voir que de véritables plaies. Je constatai que son visage, ses pieds, ses mains, plus particulièrement maltraités par le froid et le vent, étaient moins noircis par la saleté que par des gerçures et les crevasses qu'elle avait entretenues. Il fallait au plus vite soigner cette pauvre peau. Une légère couche de vaseline boriquée étendue sur les parties malades calma l'inflammation, supprima les démangeaisons, assainit tous ces bobos.

Restait la tête d'Antoinette!

Comment passer un peigne dans ces cheveux emmêlés qui ressemblaient à de la laine malpropre! J'essayai, mais en vain : je les aurais arrachés tous avant de parvenir à les démêler. Il n'y avait qu'une chose à faire : couper cette toison. Et pourtant, ils avaient dû être jolis, les cheveux d'Antoinette! Une boucle sortait çà et là de ce paquet de broussailles et des reflets d'un brun doré luisaient aux endroits les moins poussiéreux. — Je pris des ciseaux et les enfonçant le plus près possible de la tête, je ne laissai que deux ou trois centimètres à peine aux pauvres cheveux. La tête m'apparut alors en plus mauvais état encore que le corps; elle subit le même traitement et s'en trouva bien.

Antoinette, comme je vous l'ai dit, avait été quelque peu effrayée par les préparatifs de cette grande toilette. Dès qu'elle la vit terminée, elle poussa un grand soupir. Regrettait-elle ses cheveux?

« Qu'as-tu, mon enfant?

— Rien, madame; je suis *bien.* »

Elle éprouvait pour la première fois de sa vie le bien-être que donne la propreté et ne savait pas expliquer une sensation si nouvelle.

Nous en étions là de notre besogne, Antoinette et moi, et je ne savais pas encore très bien dans quelle mesure ni par quels moyens je continuerais à m'occuper d'elle quand arriva mon marchand de légumes.

C'était un très brave homme, que j'estimais beaucoup.
Aussi ma surprise fut-elle agréable quand je l'entendis
s'écrier:

Fig. 20. — Je me mis à tailler et à coudre activement.

« Tiens ! Toinette, tu es donc là? Comme te voilà bien
débarbouillée ! Je ne te reconnaissais pas dans ta propreté.
— Vous la connaissez, François?

— Oui, madame. Nous étions voisins, dans le temps.
C'est une bonne petite fille, mais qui est bien mal tombée
avec la mère qu'elle a. Voilà une mauvaise femme qui
envoie ses enfants mendier, pour vivre des sous qu'ils lui
rapportent, plutôt que de travailler pour les élever. Ah!
madame, ce que vous ferez pour cette enfant sera une
charité bien placée, allez! »

Ainsi le bon regard d'Antoinette ne m'avait pas trompée
et j'en étais toute heureuse. Mon parti fut pris aussitôt :
j'allais m'occuper de l'enfant d'une manière sérieuse et
suivie; mais pour cela j'avais besoin de mon temps et je
la renvoyai chez elle, en lui disant de revenir le lendemain
matin à huit heures.

Que d'occupations pour moi pendant cette fin de
journée! Vieux linge, vieux vêtements, vieux souliers
sortis des armoires s'étalaient un peu partout, près à subir
une minutieuse inspection, après laquelle je me mis à
tailler et à coudre activement (fig. 20).

Le lendemain matin, mon Antoinette avait une chemise,
un jupon chaud, une bonne robe et des chaussures prêtes
à mettre quand elle arriva. Personne, je vous assure,
n'aurait reconnu la petite mendiante dans cette enfant
bien pauvrement, mais bien proprement habillée.

Il m'était dès lors possible de m'entendre avec Antoinette et d'arranger sa vie d'après le plan que j'avais arrêté
dans mon esprit. Voici quelles furent les bases de notre
traité : Antoinette irait chaque matin à l'école; à onze
heures et demie, elle me rapporterait un carnet signé par
la maîtresse, moyennant quoi je lui donnerais à dîner.
A une heure, elle repartirait, emportant son goûter, puis
reviendrait chez moi, après la classe, pour faire ses
devoirs et apprendre ses leçons, toujours à la condition
de me rapporter le fameux carnet qui me permettait de
m'assurer qu'elle n'avait pas manqué l'école. Comme je
ne voulais pas m'engager davantage vis-à-vis de la pauvre
enfant, avant d'avoir eu la preuve qu'elle méritait vraiment mes soins, il fut entendu que, ses devoirs terminés,
elle rentrerait chez elle, jusqu'au lendemain matin. En
même temps je la prévins qu'on la surveillerait et que le
jour où on la retrouverait demandant l'aumône dans les

rues, je la chasserais de chez moi et ne m'occuperais plus d'elle, jamais.

J'allai voir la directrice d'une des meilleures écoles de la ville et je n'eus pas de peine à intéresser cette excellente personne à ma protégée. Dès lors, j'étais sûre qu'un contrôle exact serait exercé sur la présence régulière de l'enfant à l'école, sur son application.

Dès le lendemain, à l'heure convenue, Antoinette entra chez moi, son carnet à la main.

Nouvelle vie d'Antoinette.

Alors commença pour Antoinette cette nouvelle vie qui devait la sauver de l'ignorance, de la paresse et du vice.

Chaque matin, en arrivant chez moi, elle allait à l'évier, se déshabillait et se lavait des pieds à la tête. Grâce à ce régime sa peau redevenue saine et nette ne lui causa bientôt plus aucune souffrance. Je lui donnais du linge propre quand elle en avait besoin, et je gardais le sale pour le blanchir. Elle lavait sa tête en même temps que son corps et, cette extrême propreté aidant, ses cheveux grandissaient très vite, formant de jolies boucles autour de son petit visage frais et arrondi.

Petit à petit, sa modeste garde-robe du premier jour s'augmenta du nécessaire. Si vous aviez vu sa joie le jour où elle mit pour la première fois un sarrau noir tout neuf, vous auriez été aussi heureuses qu'elle.

Par exemple, j'eus quelque peine à lui faire prendre l'habitude de mettre un chapeau. Elle perdit le premier que je lui avais donné. Fort heureusement, il était en jonc et n'avait coûté que six sous. Je lui en achetai un second, en la prévenant que si elle le perdait encore elle n'aurait que du pain à son dîner. Mais ce qui la toucha surtout, c'est que ses compagnes de classe la traitèrent de « sauvage », disant que « les gens civilisés » mettaient tous des chapeaux : elle s'attacha dès lors au sien et ne le perdit plus.

Cette petite Antoinette, si propre, ne fut plus pour les autres enfants, ni pour personne, un objet de dégoût et de mépris. Elle qui avait toujours été maltraitée chez elle, qui n'avait jamais rencontré la moindre affection, accepta d'abord sa nouvelle vie avec défiance. Il lui semblait sans doute qu'elle faisait un rêve et que tout cela finirait bientôt. Peu à peu, elle prit confiance, quand elle fut certaine que chaque jour elle retrouverait les mêmes soins chez moi, la même bonté à l'école, dont personne n'avait envie de l'éloigner depuis que son voisinage n'était plus à craindre pour les enfants propres et bien tenues. Et voyez, d'autre part, comment la propreté la servit encore : n'étant plus malmenée, repoussée, elle écouta les leçons, s'appliqua à bien faire ses devoirs et, comme elle était intelligente, elle eut bien vite rattrapé ses compagnes de classe.

Nos petites affaires marchaient trop bien : nous avions compté sans la mauvaise mère d'Antoinette qui faillit tout gâter.

Cette femme ne s'était tout d'abord pas inquiétée du changement survenu dans la vie de son enfant. Elle pensait sans doute que tout cela ne durerait pas. Mais, à la longue, elle trouva ennuyeux d'être privée des sous que l'enfant n'arrachait plus à la pitié des passants. Alors, qu'arriva-t-il?

Un dimanche, elle ordonna à Antoinette de reprendre ses guenilles et d'aller par les rues, sur les promenades, tendre la main comme autrefois.

L'enfant pleura beaucoup, pria, supplia : tout fut inutile. Elle promit alors à sa mère de lui obéir à la condition qu'elle mettrait, comme tous les jours, sa petite robe propre et son sarrau noir. Maintenant les vêtements malpropres lui inspiraient un dégoût qu'elle ne pouvait plus surmonter. La mère la laissa faire et l'enfant partit, le cœur gros et bien honteuse de ce qu'elle allait faire.

Il arriva précisément que plusieurs de mes amis rencontrèrent Antoinette demandant l'aumône. Mais ils remarquèrent que la petite, très propre de vêtements et de visage, n'attirait plus l'attention, ou bien les passants la rudoyaient croyant qu'elle se moquait d'eux. Aussi, quand, vers le soir, elle reprit le chemin de chez elle, Antoinette n'avait pas un sou dans sa poche. Elle s'attendait bien à être battue, comme cela ne manqua pas d'arriver, et pourtant

elle était, au fond du cœur, joyeuse et fière de voir que
personne ne l'avait prise pour une mendiante.

Fig. 21. — Je profitai de ce jour-là pour lui apprendre à laver.

Ayant été avertie de l'emploi de son dimanche, je la
reçus fort mal le lendemain : j'étais triste et embarrassée :
devais-je punir Antoinette? je savais bien par quels moyens

sa mère l'avait contrainte à obéir. D'un autre côté, si je ne me montrais pas sévère, mon Antoinette pouvait reprendre l'habitude de mendier, et tout ce que je faisais pour lui créer une vie honorable et laborieuse serait perdu. Je me résignai, dans l'intérêt de l'enfant, à me montrer sévère. Je la menaçai de la chasser sans pitié de chez moi si on la retrouvait mendiant et ne lui donnai que du pain pour son dîner. En revanche, je décidai qu'elle passerait tous ses dimanches chez moi.

Je profitai de ce jour-là pour lui apprendre à balayer, à laver (fig. 21) et même un peu à jardiner. Tous ces travaux si nouveaux pour Antoinette l'amusaient beaucoup; aussi devint-elle vite très adroite et très soigneuse. Quand elle avait fini, je l'emmenais se promener à la campagne, et ces dimanches qu'elle aimait tant lui paraissaient trop courts.

Qui aurait reconnu un an plus tard la petite mendiante échevelée dans cette fillette propre, presque élégante sous ses vêtements si simples, polie, prévenante, agréable à voir?

La propreté avait commencé la transformation d'Antoinette. Du jour où elle s'était vue bien lavée, bien peignée, vêtue de vêtements sans trous ni taches, elle s'était sentie devenir une autre petite fille. Elle avait éprouvé pour elle-même une sorte de respect et n'avait plus osé faire ce qui était assez bon pour l'Antoinette déguenillée qu'elle avait été auparavant. C'est ainsi que, peu à peu, ses mauvaises habitudes de paresse, de vagabondage, de désordre avaient fait place aux habitudes contraires.

J'étais sûre maintenant des bonnes dispositions d'Antoinette et je pouvais achever mon œuvre.

Notre dix-neuvième siècle, il faut le dire à sa gloire, est très charitable. Il a donné naissance à des associations, à des œuvres, à des lois qui ont toutes pour but d'aider les pauvres, les orphelins, les abandonnés. Une des meilleures parmi les associations charitables du dix-neuvième siècle, le « Sauvetage de l'enfance », s'occupe de recueillir et d'élever les pauvres enfants qui ont de mauvais parents, incapables de les bien élever et d'assurer leur avenir.

Je fis connaître au « Sauvetage de l'enfance » la situation malheureuse de la petite Antoinette, qui fut immédiatement prise et adoptée par l'association.

Antoinette grandit dans une ferme du centre de la France, chez de braves gens qui la traitent comme leur fille. Elle continue d'aller à l'école, tout en travaillant à la maison et aux champs pour aider ses parents d'adoption.

Je ne doute pas qu'à son tour elle ne devienne, plus tard, une bonne et honnête fermière, prête à aider les pauvres enfants abandonnés, et je suis sûre qu'avant toute autre chose elle leur donnera l'habitude de la propreté.

CHAPITRE III

Des vêtements.

47. Les vêtements en ordre dénotent une enfant bien élevée. — Nous avons dit, au début de ce petit livre, que la *manière d'être* d'une enfant bien élevée comprenait des choses diverses. Aussi, quand elle a pris l'habitude de cette propreté minutieuse du corps dont nous venons de parler, il lui reste encore bien à faire. Elle a d'abord à se vêtir, et si ses vêtements sont sales, en désordre, personne ne voudra croire qu'ils recouvrent un corps propre.

48. La propreté apparente des vêtements suffit-elle? — Mais qu'arrive-t-il trop souvent? Les vêtements *du dessus* sont propres, tandis que ceux *du dessous* sont sales et déchirés.

On aurait honte de se montrer avec une robe, un tablier, tachés, salis; on n'est pas gênée par une chemise, des bas, des jupons malpropres, parce que personne ne les voit.

Dans ce cas peut-on dire d'une enfant qu'elle aime la propreté?

Si elle l'aimait, elle aurait beau être pauvre, elle trouverait les moyens d'être propre et elle tiendrait surtout à l'être dans toutes les parties du vêtement qui touchent à la peau,

Combien de fillettes font les *mijaurées* * pour se livrer à une besogne tant soit peu rebutante, pour toucher des objets qu'elles jugent malpropres, alors que du linge sale enveloppe leur corps, sans qu'elles y prennent garde.

De très bonne heure une enfant intelligente et active trouve le temps d'aider sa mère à laver et à raccommoder le linge.

Elle ne craint plus alors de demander à changer de bas ou de chemise aussi souvent qu'il le faut, puisque ce n'est pas sur sa mère seule que retombe ce surcroît d'ouvrage.

49. Les ouvrages inutiles et les ouvrages utiles. — En outre, elle se garde bien de faire, en classe, ces inutiles dentelles au crochet, ou ces ouvrages de fantaisie, toujours assez laids quand on ne peut pas y consacrer beaucoup d'argent, ouvrages auxquels tant de fillettes perdent leur temps. Elle demande à sa mère du calicot, de la toile de coton et elle confectionne, à mesure qu'elle grandit, le petit trousseau * dont elle a besoin.

Toute fillette devrait tenir à honneur de faire elle-même la plus grande partie de son linge.

50. Nos grand'mères et le bon linge. — Autrefois, on avait l'amour du bon linge, simple, solide, bien cousu. Nos grand'mères, nos arrière-grand'mères avaient de hautes armoires (fig. 22) où s'empilaient les chemises de grosse toile, les serviettes, les nappes, les draps bis *, filés par elles, cousus par elles, réjouissants au coup d'œil et sentant bon la lessive.

Aujourd'hui on a perdu ce goût du linge qui était, comprenez-le bien, une *forme de l'amour du foyer*. On cherche, pour le linge, comme pour toute chose, ce qui est joli, ce qui *fait de l'effet*. Voilà comment les ménagères courent acheter, pièce après pièce, quand le besoin s'en fait sentir, du linge confectionné qui a un certain air élégant et qui est censé ne pas coûter cher.

Fig. 22. — Une grande armoire remplie de linge.

51. Le mauvais linge n'est pas économique. — A la bien examiner, *cette fausse élégance fait pitié*. Une étoffe lâche * et mauvaise, des points irréguliers et manquant à chaque instant, des garnitures tout de suite arrachées : voilà ce que l'on découvre. Du linge semblable peut-il durer?

Dès le premier lavage qui lui enlève son apprêt, il prend l'aspect lamentable des vieux chiffons. Les coutures, les ourlets étirés, bâillent partout où les points n'ont pas pris les deux côtés de l'étoffe. Les boutonnières, aux points trop espacés, se déchirent dans les coins et s'effilent.

Ce linge ne coûtait pas cher; mais est-il économique, puisqu'il ne fera pas d'usage?

Nous voudrions vous voir toutes si dégoûtées par le contact du linge malpropre ou en mauvais état, que vous apprendriez, pour éviter ce double désagrément, à *faire vite et bien* celui qui vous est nécessaire.

52. Le linge fait à l'école. — Quel plaisir n'aurait-on pas à entrer dans une école où, aux heures de travail manuel, on verrait toutes les élèves occupées à des ouvrages de lingerie!

Non seulement on serait rassuré *pour le présent* sur les goûts d'ordre et de propreté de ces enfants, mais on le serait aussi pour l'avenir. Devenues, à leur tour, mères de famille, elles feraient en effet régner autour d'elles l'ordre et l'économie.

Quand vous savez faire des *points devant*, des *arrière-points*, des *points de côté*, d'*ourlet*, de *surjet*, de *boutonnière*, rien ne vous est plus facile que de confectionner une chemise ou un pantalon.

Votre maîtresse vous dira quelle quantité d'étoffe vous est nécessaire, selon votre taille, vous coupera et vous apprendra à couper l'objet de lingerie que vous voulez confectionner.

Elle choisira pour vous les formes les plus simples et les plus rapidement faites. Il vous restera à coudre *très bien* et sans perdre votre temps : mais combien vous serez dédommagées de votre peine quand vous verrez quel linge bien fait, solide et peu coûteux vous devrez à votre industrie!

A cette première récompense ajoutez-en une autre : la joie de vos mères, fières de vous.

53. La propreté du linge assure la bonne santé. — Ainsi, grâce à votre travail, vous aurez à peu de frais un trousseau suffisant pour vous permettre d'avoir toujours sur vous du linge frais et propre. Vous en éprouverez un grand bien-être et vous ne vous figurez pas quels avantages vous en retirerez au point de vue de votre santé. *La propreté du linge est une des conditions les plus importantes de la bonne hygiène.*

Veut-on conserver la peau du corps saine, sans boutons, sans rougeurs, il faut la mettre en contact permanent * avec du linge propre.

54. Comment le linge malpropre devient malsain. — Notre linge s'imprègne de notre transpiration; il retient les poussières et les *microbes* de toutes espèces, en sorte qu'il devient très facilement malsain et dangereux.

Cette vérité est si bien reconnue de nos jours, grâce aux progrès de la médecine, qu'on ordonne de changer fréquemment le linge des malades quelle que soit leur maladie. Autrefois, au contraire, on aurait cru leur faire beaucoup de mal si on les avait changés.

Ces soins de propreté procurent toujours du soulagement à un malade, et même contribuent à le guérir toutes les fois que son cas n'est pas désespéré.

Nous savons, en outre, à l'heure actuelle, que la plupart des maladies peuvent être transmises par le linge enlevé aux malades.

55. Moyens de désinfecter le linge. — Voilà pourquoi on le fait passer tout aussitôt à une forte lessive, ou, dans les cas de maladies particulièrement dangereuses, comme la *fièvre scarlatine* *, la *petite vérole* *, la *diphtérie* *, on le soumet à des procédés énergiques de *désinfection**. La lessive ne suffit pas, en effet, pour ces terribles maladies, à tuer les *microbes contagieux* *.

56. Linge pour le jour et linge pour la nuit.
— Enfin, s'il est bon de changer souvent de linge,
cette mesure ne suffit pas au point de vue hygiénique.
Il faut encore éviter de garder *pendant la nuit* le
linge que l'on a porté le jour, parce qu'il reste plus
ou moins humide par suite de la transpiration.

Mettre une chemise spéciale et toute fraîche, en se
couchant, c'est le meilleur moyen de bien dormir.
Pendant ce temps, celle que l'on a portée tout le jour
s'aère et se purifie pour le lendemain. Il faut du reste
avoir bien soin de ne pas la jeter en paquet sur une
chaise. Elle doit être, ainsi que le pantalon, les
jupons, les bas, suspendue ou étendue à l'air.

Résumé.

1. L'enfant *bien élevée* porte toujours des vêtements et du linge *propres*, surtout en dessous.

2. Elle *aide sa mère* à laver, à raccommoder,
à confectionner le linge, et elle a horreur du linge
mal cousu, orné de broderies, de dentelles peu
solides, mal attachées.

3. Elle sait que, en bonne santé comme en
temps de maladie, la propreté du linge est indispensable ; que la lessive ou la désinfection du linge
qui a touché un malade empêchent la contagion.

4. Elle laisse à l'air, pendant la nuit, le linge
qu'elle a porté pendant le jour.

CHAUSSURES

57. Essayage des chaussures. — La chaussure est une partie très importante de notre habillement, parce qu'elle
conserve le pied en
bon état ou l'abîme
suivant qu'elle est bien
ou mal choisie.

Quand une maman
achète des chaussures
à sa fille, elle touche,
elle examine pour
s'assurer que le pied
est bien à l'aise dans
la bottine (fig. 23).

Malgré toutes ces
précautions, la fillette
est souvent mal chaus-
sée, parce qu'elle

Fig. 23. — La maman s'assure que le pied
est bien à l'aise dans la bottine.

ignore les qualités que doit avoir une chaussure pour
bien aller.

Avant tout, la chaussure doit avoir bien exactement la forme du pied. Est-il long et mince, elle doit
l'être aussi ; est-il large, est-il bombé sur le cou-de-
pied, elle doit être large ou bombée.

58. Le soulier doit être fait comme le pied.
— Que le pied soit bien ou mal fait, qu'il soit de longueur et de largeur bien proportionnées ou non, peu
importe, mais il faut que les souliers lui soient *semblables*.

Beaucoup de personnes croient dissimuler * les

défauts de leurs pieds grâce à leurs chaussures : elles se trompent.

Des pieds larges, par exemple, comprimés * dans des chaussures étroites débordent sur la semelle et paraissent prêts à faire éclater leur enveloppe. Il en est ainsi des autres défauts.

En outre, à votre âge on grandit vite et il ne faut pas que des chaussures deviennent trop petites avant d'être usées. Le pied comprimé grandit en se déformant ; il est voué aux cors *, aux oignons *, maux très douloureux et qui, pour toute la vie, font de la marche un supplice. Sachez donc choisir des chaussures qui aient exactement la forme de votre pied, mais qui soient un peu grandes.

Enfin, alors même que l'on a cessé de grandir, il faut toujours prendre des chaussures sensiblement plus longues que le pied.

Dans la marche le pied glisse toujours un peu vers le bout de la bottine, et, s'il le rencontre, les doigts arrêtés se replient, ce qui déforme et enlaidit le pied. Les chaussures longues le font du reste paraître plus mince, ce qui est toujours plus joli que de l'avoir large et court.

Demandez à vos mamans, quand elles vous achètent des chaussures, de vous les faire essayer le matin, ou tout au moins avant d'avoir trop marché, afin que votre pied ne soit pas fatigué et gonflé.

Ayez soin de bien les entrer et posez votre pied par terre, en appuyant fortement du talon, pour vous assurer qu'il ne touche pas le bout du soulier.

59. Simplicité de la chaussure. — Certaines petites filles, qui manquent de goût, insistent pour qu'on leur achète des chaussures agrémentées de piqûres, de broderies, de lacets de couleur. Qu'elles sachent bien que tout cela est très laid. Une chaussure simple, sans ornement aucun, mais, autant que possible, bien faite, est toujours la plus jolie.

A votre âge les bottines lacées sont préférables aux bottines boutonnées. Les premières ont le double avantage de pouvoir s'élargir à mesure que la jambe grossit et sont faciles à changer de pied, ce qui empêche de tourner les talons.

60. Il faut se chausser selon ses besoins. — Enfin les chaussures doivent répondre, par leur genre et leur solidité, à l'usage qu'on veut en faire.

Il serait ridicule, à la campagne, d'avoir des petits souliers ou des bottines légères. Il y faut une grosse chaussure, maintenant bien le pied et l'isolant des pierres. Toute chaussure avec laquelle on marchera beaucoup, surtout dans les mauvais chemins, doit avoir la semelle plus large que l'empeigne * et débordant de chaque côté du pied, de manière à le garantir contre les chocs possibles. Du reste, même à la ville, les enfants ont besoin d'être plus fortement chaussées que les grandes personnes, parce qu'elles usent davantage.

61. Entretien des chaussures. — Une enfant bien élevée ne souffre pas que sa mère s'occupe de soigner ses chaussures; c'est elle, au contraire, qui se charge d'entretenir celles de toute la famille (fig. 24). Ce travail, qui est loin de dépasser ses forces, déchargera sa mère, d'autant. Elle y mettra tout son amour-propre et ne laissera jamais sortir aucun des siens avec des chaussures malpropres. Mais encore faut-il qu'elle sache comment on entretient les chaussures.

On croit généralement que si l'on rentre avec des

chaussures mouillées il faut les mettre près du feu
pour les sécher.

Ce procédé est très mauvais, parce que la chaleur
du feu dessèche trop brusquement le cuir, qui se
racornit, s'écaille et ne tarde pas à se fendre. Les
chaussures ainsi arrangées fatiguent les pieds quand
on les remet et sont
vite hors d'usage. Il
faut donc trouver le
moyen de les sécher
lentement.

On y arrive si on les
place dans un endroit
bien aéré et si on les
place de telle sorte
que la semelle ne re-
pose pas *à plat* sur
le sol.

Quand l'humidité a
complètement dispa-
ru, le cuir reste quel-
quefois dur. On le
frotte avec un chiffon

Fig. 24. — L'enfant bien élevée se charge
d'entretenir les chaussures de la famille.

trempé dans du pétrole *, et il reprend toute sa souplesse.

Quand on vient de marcher, alors même que le sol
n'est pas mouillé, les chaussures sont toujours un peu
humides à l'intérieur, par suite de la chaleur du pied.
Pour qu'elles ne prennent pas une mauvaise odeur et
que la doublure reste propre, on aura soin de les
enlever en rentrant et de les exposer à l'air, sur une
fenêtre ou ailleurs.

Une autre précaution indispensable pour conserver

le dedans des chaussures propre, consiste à changer
de bas assez souvent et à éviter les bas qui déteignent.

Tous les bas aux couleurs vives (violet, rouge, etc.)
sont mauvais teint; il faut leur préférer les couleurs
naturelles (gris, beige, brun), qui sont du reste les
plus jolies, les plus douces et qui s'*assortissent* à toutes
les robes.

62. Comment on nettoie ses chaussures. —
Il reste enfin à savoir donner aux chaussures la propreté extérieure.

Quand elles sont parfaitement sèches, on les brosse
pour enlever la boue ou la poussière qu'elles ont pu
amasser. Après cette première opération, on met un
peu de cirage sur une autre brosse et on l'étend rapidement sur toute la bottine. On revient alors à sa première brosse, que l'on passe avec vigueur, et toujours
dans le même sens, sur le cirage, pour le faire
briller.

Ce résultat est très vite obtenu si l'on a eu soin de
mettre peu de cirage. Au contraire, si le cirage est trop
abondant, la brosse ne glisse pas sur cette couche
pâteuse et la chaussure reste terne et laide.

Une trop grande quantité de cirage encrasse la
chaussure et, comme une véritable colle, retient la
boue, la poussière, de telle sorte qu'à peine cirées les
chaussures sont de nouveau salies. Enfin elle brûle le
cuir, qui se coupe alors très vite.

Prenez la peine de traiter les chaussures comme
nous venons de vous le conseiller et vous aurez la
satisfaction de les faire durer plus longtemps et de
voir toujours sortir vos jeunes frères ou sœurs proprement chaussés.

Les plus vieilles chaussures feront ainsi honneur jusqu'à la fin à ceux qui les portent et à vous qui leur redonnez une apparence décente.

Résumé.

1. La chaussure conserve le pied en bon état si elle a *exactement* la même *forme* que lui, si elle n'est ni courte ni juste. Elle ne doit avoir *aucun ornement*.

2. Les bottines lacées sont les plus commodes parce qu'on peut les changer de pied.

3. Elles doivent être assez fortes et avoir une semelle assez large pour protéger le pied contre le choc des pierres.

4. La manière de cirer les chaussures, de les faire sécher quand elles sont humides, de les aérer quand on les enlève, les conserve et les empêche de se déformer.

CORSETS, ROBES, CHAPEAUX

63. Dangers du corset. — Il est regrettable qu'un *préjugé* fasse du corset une pièce essentielle de l'habillement des enfants.

On se figure que la taille d'une fillette qui n'en porterait pas se formerait mal, qu'elle se dévierait *, se voûterait. Voit-on une plante laissée libre pousser moins vigoureuse et moins droite? N'avons-nous pas pitié de ces malheureux arbustes attachés à des bâtons ou à des tiges de fer qui les obligent à perdre leur forme naturelle?

Le corset joue le même rôle dans la vie d'une enfant que les bâtons dans celle d'une plante.

Il ne l'empêche pas de pousser de travers si, par suite d'une prédisposition maladive ou par l'habitude de se mal tenir, sa taille doit se dévier; mais, par contre, il fait perdre à son buste ses proportions naturelles. Il comprime son estomac et nuit ainsi à ses digestions; il presse sur ses poumons et l'habitue à mal respirer, c'est-à-dire à n'absorber qu'une quantité d'air insuffisante. Or, vous savez toutes que si notre sang n'est pas mis, au travers des poumons, en contact avec une grande quantité d'air pur, il ne se renouvelle pas et qu'un appauvrissement général de tout notre organisme s'en suit très vite.

Le corset est donc mauvais au point de vue des fonctions les plus indispensables à notre santé et à la durée même de notre vie : la digestion et la respiration. Le mieux serait de n'en pas porter, au moins jusqu'au moment où la croissance est terminée. Si vous en portez un, voyons comment vous pouvez en diminuer les mauvais effets.

64. Comment on diminue les dangers du corset. — Priez vos mamans de ne jamais vous emprisonner dans ces hauts corsets (fig. 25) fortement baleinés, comme on en voit malheureusement trop dans les magasins. Le corset appelé ceinture, parce qu'il est très bas et qu'il a peu de baleines, est le moins mauvais (fig. 26).

Soyez ensuite assez raisonnables pour le laisser très large afin que les organes enfermés dans votre cage thoracique soient bien à l'aise et puissent accomplir leurs mouvements naturels sans effort ni fatigue.

Prenons un exemple :

A chaque repas que vous faites, votre estomac doit se gonfler, se dilater *, puisque vous le remplissez d'aliments. S'il est comprimé, il ne le peut pas. Ne lui demandez pas alors de faire ce travail de la digestion toujours long, difficile et fatigant.

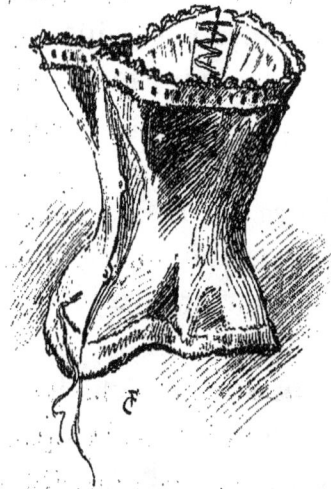

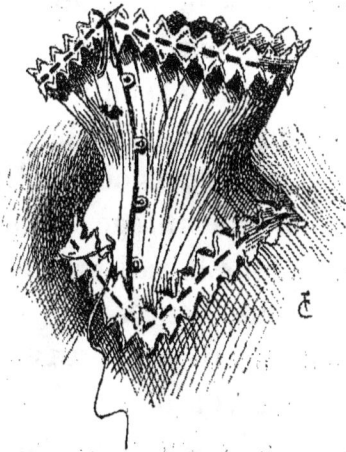

Fig. 25. — Corset anti-hygiénique.   Fig. 26. — Corset hygiénique.

Si on vous attachait les jambes et que l'on vous demandât ensuite de faire une longue marche, que diriez-vous? Il est tout aussi ridicule de vouloir qu'un estomac *comprimé* digère.

Conservez toute votre vie l'habitude de porter des corsets bas, souples et larges si vous voulez éviter des maladies graves comme le sont toutes les maladies de poitrine et d'estomac. Vous ignorez sans doute que la plupart des femmes et des jeunes filles qui en meurent, dans les hôpitaux, les ont contractées en se serrant. Voilà qui vous fera réfléchir, nous l'espérons, et vous préservera plus tard de la *sotte vanité* de toutes les jeunes filles qui veulent avoir la taille fine.

65. De quelle couleur seront vos corsets? — Quand vos mères vous achètent un corset, demandez-leur de le prendre toujours gris ou mastic. Vous serez sûres ainsi qu'il ne déteindra pas sur vos vêtements de dessous, comme cela arrive avec les corsets rouges ou noirs, par exemple. On choisit souvent ces derniers, de préférence, sous prétexte « qu'ils craignent moins le sale », ce qui, en bon français, signifie que la crasse paraît moins sur leur couleur; mais elle existe et cela suffit à une enfant vraiment propre pour que son corset la dégoûte.

Le corset gris ou mastic a encore sur les corsets de couleur l'avantage de se laver parfaitement. Vous aurez donc la satisfaction de le porter propre jusqu'à sa parfaite usure.

66. Manière de laver un corset. — Pour laver un corset, on découd les buscs du devant, parce qu'ils sont en fer et rouilleraient l'étoffe en séchant. On le trempe ensuite dans l'eau et on le savonne à l'aide d'une brosse dure pour éviter de le plier et de casser les baleines. Après l'avoir savonné à l'endroit et à l'envers, on le rince plusieurs fois à l'eau claire et on l'étend.

Avant qu'il soit tout à fait sec, on le repasse à l'envers sans le déformer, puis on repose les buscs. Le corset est alors prêt à remettre.

67. Comment on peut faire durer ses vêtements. — Une enfant de votre âge comprend la peine qu'ont ses parents pour faire face aux dépenses *nécessaires* avec des ressources souvent très *modiques*. Elle s'applique, si elle a du cœur, à diminuer les charges de sa famille en faisant durer ses vêtements le plus possible.

D'autre part, si elle a le souci de sa *tenue*, de sa *manière d'être*, elle ne supporte pas de se montrer avec des habits en désordre ou fripés Mais elle peut, par les soins qu'elle prendra de ses vêtements, les faire durer plus longtemps et leur conserver, jusqu'à leur complète usure, une apparence décente.

Une fillette soigneuse a bien vite fait, quand elle rentre, d'enlever sa robe de sortie qu'elle gâterait en prenant sa part des travaux du ménage.

Elle se garde bien de la jeter sur une chaise ou sur

Fig. 27. — Jupe suspendue pour éviter de la chiffonner et de la déformer.

un lit parce qu'elle veut lui éviter les faux plis qui lui donnent *un air vieux*. A-t-elle été à la poussière, elle secoue sa robe par la fenêtre; si elle rentre mouillée, elle secoue dans l'escalier ou ailleurs les gouttes de pluie attachées à sa robe.

Dans les deux cas, elle la suspend à l'air et de manière à faire tomber les plis bien droits, pour ne pas la déformer (fig. 27). Elle a soin que l'intérieur du corsage, le dessous des bras, qui conservent davantage la chaleur du corps et sa moiteur *, soient plus particulièrement exposés à l'air. Grâce à cette précaution, la robe vieillit sans prendre de mauvaise odeur. Des vêtements qui sentent le *renfermé*, la sueur, sont désagréables à remettre et ils incommodent souvent les personnes qui nous approchent.

Quand un manteau, une robe, sont suffisamment aérés, on peut les enfermer dans une armoire; mais on ne doit jamais le faire au moment même où on les quitte.

68. Les tabliers : leur avantage. — Si vous revenez à la maison pour un temps très court, entre les classes du matin et du soir, par exemple, au lieu de vous déshabiller, vous mettez par-dessus votre robe un tablier qui la protège. Vous avez ainsi deux tabliers en service : celui de la maison et celui de l'école, que vous y laissez jusqu'au moment où il demande à être lavé.

Nous vous recommandons de secouer vos vêtements plus encore que de les brosser.

La brosse lustre l'étoffe et souvent ne fait qu'incruster davantage la poussière. Cependant, des éclaboussures de boue, des taches faites par une goutte d'eau tombée sur de la poussière ont besoin de la brosse pour disparaître.

69. Recettes utiles. — Voici maintenant quelques recettes très simples, que vous pouvez employer vous-mêmes ou indiquer à vos mères, pour l'entretien de vos vêtements. Commençons par les étoffes de laine.

Le col et le dos d'un corsage, d'un manteau, se salis-

sent vite, à cause du frottement des cheveux, toujours
un peu gras. Pour les rendre propres, versez sur un
chiffon de laine roulé en boule un peu de benzine et
passez-le sur l'étoffe à nettoyer, d'abord sans trop
appuyer, puis en frottant plus fort: Vous mettez ensuite
votre vêtement à l'air et l'odeur de la benzine disparaît très vite.

70. Lavage des étoffes de laine. — Une étoffe
pure laine ou laine et coton redeviendra propre et jolie
si on la lave de la manière suivante :

On met dans un petit sac de toile une forte poignée
de cendres de bois qu'on laisse pendant un quart
d'heure dans l'eau bouillante. On ajoute ensuite une
égale quantité d'eau froide, puis on trempe son étoffe
dans ce mélange et on la savonne au savon de Marseille. Le savonnage terminé, on rince une première
fois à l'eau tiède et ensuite à l'eau froide.

Voici une autre recette, excellente surtout pour les
lainages noirs. On achète chez un droguiste * pour
0 fr. 20 de bois de panama. On le fait bouillir, pendant
une heure environ, dans deux litres d'eau, que l'on
passe ensuite au travers d'un linge. On ajoute une
égale quantité d'eau froide; on trempe, on savonne
et on rince son étoffe comme il est dit pour la recette
précédente.

Que vous employiez l'un ou l'autre de ces procédés,
vous repasserez toujours votre étoffe, humide encore,
à l'envers ou entre deux linges.

Pour que certaines parties de l'étoffe ne soient pas
plus humides que d'autres, vous l'étendez, sans la
tordre ni la presser, pendant un temps suffisant pour
que l'eau s'égoutte bien et vous la pliez ensuite, en
l'enveloppant dans un linge propre. Vous la repassez

dans le sens de la lisière, sur laquelle vous *tirez* pour que l'étoffe ne se raccourcisse pas.

71. Lavage des flanelles. — Les flanelles de couleur ou blanches se lavent sans déteindre, sans perdre leur éclat, sans se retirer, de la manière suivante :

Prenez du savon blanc de Marseille et coupez-le en petits morceaux que vous faites bouillir dans l'eau. Quand cette eau a l'épaisseur d'un sirop léger et qu'elle est encore chaude, plongez votre flanelle dedans et frottez-la avec soin ; puis laissez-la tremper pendant une heure ou deux dans ce savonnage. Après ce temps, vous la rincez à plusieurs eaux, mais *tièdes toujours*, et vous l'étendez sans la tordre. Vous la pliez humide et la repassez à l'envers.

72. Nettoyage des soies et rubans. — Si vous avez de la soie ou des rubans à nettoyer, vous les brossez d'abord avec un tampon de drap ou une brosse douce. Vous les étendez ensuite parfaitement sur une planche ou sur une table recouverte d'un linge propre. Vous avez du thé ou du marc de café que vous venez de faire bouillir et de filtrer au travers d'un linge ; vous en passez sur *l'endroit* de votre étoffe, à l'aide d'un chiffon de laine roulé en tampon. Vous retournez l'étoffe ainsi lavée et vous la repassez immédiatement *à l'envers*.

Pour que le fer ne lustre * pas l'étoffe vous la couvrez d'un linge fin ou d'un papier léger, sur lequel vous le passez.

La soie, les rubans ainsi traités sont *dégraissés* et *remis à neuf*.

Quand vous avez du velours sali par des matières grasses et dont les poils sont aplatis, brossez-le avec une brosse très dure; puis, frottez-le avec un tampon de laine *fortement* imbibé de pétrole. Pendant qu'il est encore humide, vous le passez rapidement sur un fer très chaud, posé *debout*. Vous te-nez le velours à gau-che et à droite en le tirant bien et vous le faites aller et venir plusieurs fois sur le fer, pour effacer les cassures et redresser les plis (fig. 28). Bien entendu, le velours ne doit jamais être repassé à l'endroit ni à plat, ce qui le gâte-rait.

Fig. 28. — Enfant repassant un ruban de velours.

73. Nettoyage du crêpe. — On a malheureu-sement, dans la vie, besoin de porter du crêpe et rien n'est plus délicat, car cette étoffe craint à la fois la poussière et l'humidité. Pour le débarrasser de la poussière il faut le secouer plus encore que le brosser. Pour lui faire reprendre son apprêt quand il a été mouillé, il faut le tendre, sans tirer, pour ne pas le dégaufrer, au-dessus de la vapeur d'eau bouillante.

74. Lavage des toiles et cotons de couleur. — Les robes, chemisettes, tabliers de fantaisie en coton, toile, satinette, etc., conservent leurs couleurs si on les lave dans l'eau qui a servi à cuire les haricots blancs, ou tout simplement dans de l'eau ordinaire où l'on a mis plein le creux de sa main de poivre en poudre.

75. Enlevage des taches. — Nos vêtements sont

exposés à recevoir des taches. Voici quelques procédés très simples qui permettent de les enlever.

L'eau de pluie froide, additionnée d'un peu de soude *, enlève les taches de graisse de toutes les étoffes qui peuvent se laver.

On peut encore enlever les taches de graisse sur les étoffes qui ne déteignent pas, en couvrant la tache de savon noir que l'on étend avec le doigt et en lavant ensuite à l'eau tiède.

Sur une tache d'huile, étendez une couche de craie pulvérisée ; mettez par-dessus un morceau de papier buvard et posez sur ce papier un fer chaud. Dès que vous voyez l'huile apparaître et s'étendre sur le papier, vous recommencez l'opération avec poudre et papier nouveaux, jusqu'à disparition de la tache.

Une dernière recette vous étonnera sans doute, bien qu'elle soit excellente.

Pour enlever les taches de bougie, il suffit de mouiller la tache à l'eau froide, en brisant à mesure la bougie avec l'ongle. On mouille et on frotte de manière à écailler la bougie, jusqu'à disparition de la tache. On donne ensuite un coup de brosse pour terminer l'opération.

76. Comment on se préserve des mites *. — Enfin, pour préserver des *mites* les *lainages* et les *fourrures*, il faut les brosser et les nettoyer parfaitement, avant de les renfermer. On les saupoudre ensuite avec un mélange de 9 parties de poudre de pyrèthre * contre une partie de camphre * en poudre. On les enveloppe de gros papier que l'on ferme avec de la colle de pâte et on n'a rien à craindre des mites.

77. Soins à prendre pour les chapeaux. — Les chapeaux, eux aussi, restent plus ou moins frais selon la manière dont on les traite. Ils ont de grands ennemis : le soleil, la poussière, l'humidité.

Contre le premier, il n'y a rien à faire, car nous ne vous conseillerons pas de renoncer à une promenade, par un jour de beau soleil, pour conserver votre chapeau frais. Votre santé est plus précieuse que votre chapeau et elle se trouve bien du soleil. Mais vous pouvez diminuer le mal que font la poussière ou l'humidité.

Quand vous rentrez d'une promenade, d'une course, que faites-vous?

Comme une petite étourdie que vous êtes souvent, vous jetez votre chapeau au premier endroit venu et vous l'oubliez (fig. 29). Le soir, vous le mettez dans un autre coin ou

Fig. 29. — Chapeau jeté sans soin sur un meuble.

dans une armoire pour vous en débarrasser. Vous avez, il est vrai, l'intention de le brosser avant de le remettre ; mais le moment venu, vous n'y pensez pas ou vous n'avez pas le temps. La poussière amassée dans la paille, dans la garniture, a eu tout le loisir de s'y incruster et bientôt votre chapeau a un aspect minable.

Il faut, au contraire, qu'en ôtant votre chapeau, vous le brossiez sur-le-champ ; vous frottiez fort, avec une brosse propre et dure le feutre ou la paille ; vous élargissiez avec vos doigts les coques des rubans, la dentelle, pour souffler sur la poussière qui a pénétré dans les plis. Si un nœud a été aplati, déformé par le vent, vous le relevez délicatement et vous tâchez de lui rendre sa grâce première (fig. 30).

Croyez-vous que ces précautions ne conserveront pas votre chapeau frais? Aussi une enfant qui tient à être convenablement coiffée ne les néglige-t-elle jamais.

78. Recettes pour rafraîchir les chapeaux. — Nous croyons utile de vous donner ici quelques petites recettes qui vous permettront d'aider vos mamans à rajeunir vos vieux chapeaux.

Fig. 30. — Si un nœud a été aplati, vous le relevez délicatement.

Quand vous avez un chapeau de paille blanche de l'année précédente, jauni, terni par la poussière, vous commencez par enlever vous-même la garniture et par la brosser en dedans et en dehors. Vous coupez ensuite un citron par le milieu et vous vous en servez pour frotter votre paille. Ce moyen si simple la nettoie et la remet à neuf.

Si, au lieu d'être blanche, votre paille est noire, vous la dégarnissez, la brossez, mais vous employez à la place du jus de citron de l'eau coupée de vinaigre. Deux cuillerées d'eau pour une de vinaigre.

Si votre chapeau est garni avec de la dentelle, voici comment vous la nettoierez :

Une dentelle noire ou blanche — elle prendra dans

ce dernier cas une jolie teinte crème — doit être bien secouée, brossée pour qu'il n'y reste pas de poussière et enfin plongée dans une décoction * de thé ou de marc de café, filtrée au travers d'un linge ou encore dans de la bière. Pendant que la dentelle trempe, vous la frottez doucement, sans la savonner, et vous la rincez à l'eau claire.

Vous avez eu soin de réserver une partie du liquide qui a servi à votre lavage et vous y plongez votre dentelle en la sortant de l'eau.

Vous n'avez plus ensuite qu'à la laisser égoutter et à l'étendre sur un linge, l'*endroit* posé sur ce linge, en l'*étirant* avec vos doigts pour bien étaler les festons du bord. Au besoin vous la fixez sur le linge, de distance en distance, par des épingles pour l'empêcher de se rouler. Vous la recouvrez d'un vieux linge fin au travers duquel vous la repassez au fer bien chaud. Ayez la précaution de diriger votre fer de manière à ouvrir et à marquer régulièrement les festons de la dentelle.

Résumé.

1. Le corset est plutôt *nuisible* à la santé et au développement *normal* du corps. Pour diminuer ses inconvénients, il faut le choisir bas, léger, souple et le laisser très large.

2. Les corsets gris ou mastic sont les seuls qui ne déteignent pas et se lavent bien.

3. Pour conserver ses vêtements en bon état, il faut en changer quand on rentre ou mettre un tablier ; les aérer, les secouer, les brosser, les suspendre sans faux plis. Recettes pour nettoyer les étoffes, les rubans, le crêpe, etc.

4. On conserve un chapeau frais en le brossant, en redressant les nœuds, les dentelles, *aussitôt* qu'on rentre. Recettes pour nettoyer les pailles, les dentelles.

CHAPITRE IV

De la toilette.

79. L'habit ne fait pas le moine. — Une fillette s'imagine volontiers que le dimanche, les jours de fête, elle a plus de valeur que les autres jours, parce qu'elle est mieux habillée.

Mais si elle réfléchissait tant soit peu, elle reconnaîtrait son erreur.

N'a-t-elie jamais entendu citer ce proverbe : « L'habit ne fait pas le moine? » Que veut-il dire, sinon qu'il ne faut jamais juger des gens par leur habit. N'avez-vous pas déjà eu, toutes, l'occasion de vous apercevoir que telle personne, telle enfant avaient, malgré une toilette élégante, des manières très vulgaires; qu'elles employaient, en parlant, des mots grossiers; qu'elles se servaient mal, mangeaient malproprement?

A votre tour, dans ces cas-là, vous avez pensé qu'il ne faut pas juger les gens d'après leurs habits et vous avez eu raison.

Mais alors, ne comptez pas sur votre robe, sur votre chapeau pour faire dire de vous : « Voilà une enfant bien élevée. » Comptez au contraire sur vos bonnes manières, sur votre bonne tenue, sur votre langage correct. A ces conditions seulement, vous vous ferez bien juger.

80. Il faut être habillée selon son rang. — Une toilette élégante peut même quelquefois produire un effet absolument contraire à celui que vous attendez.

On ne manquera pas de dire, en vous la voyant porter, que vous n'êtes pas habillées selon *votre condition*, c'est-à-dire selon les ressources dont vos parents disposent. On craindra que vous preniez pour plus tard des goûts de toilette dangereux. En effet, ces goûts seraient très mauvais pour vous, car ils vous entraîneraient peut-être, quand vous aurez à votre tour la charge d'un ménage, à priver les vôtres du *nécessaire* pour subvenir aux dépenses de votre toilette.

Une enfant sérieuse, raisonnable, et qui aurait bien compris la vérité de ce que nous venons de dire, serait la première à prier sa mère de l'habiller très simplement.

Est-ce ordinairement ainsi que les choses se passent? Non. Les petites filles ont, dès le berceau, la réputation d'être *coquettes* et elles la méritent. Elles sont les premières à demander une robe ou un chapeau neuf, des garnitures, des accessoires de toilette et, trop souvent, elles ne remarquent même pas que leurs mères se privent du nécessaire pour satisfaire leurs goûts vaniteux.

Peu à peu elles deviennent ainsi égoïstes, exigentes, dépensières, à mesure qu'elles grandissent.

Ces défauts feront plus tard leur malheur en même temps que celui de tous ceux qui les aiment.

Il faudrait donc plus de raison et plus de cœur à

une enfant pour lui faire préférer une toilette simple à une toilette élégante. Il lui faudrait en même temps plus de goût qu'elle n'en a d'ordinaire.

81. Le goût et le bon sens. — Qu'est-ce, au juste, qu'avoir du goût? Appliqué aux choses de la toilette, le goût suppose avant tout du *bon sens* et de *bonnes habitudes de l'œil.*

Voici comment le bon sens se manifeste dans la manière dont une personne s'habille. Il lui fait choisir ce qui convient le mieux à son âge et à sa situation de fortune.

Si elle est déjà âgée, il l'empêche d'adopter des couleurs, des formes de vêtements, de coiffure destinées à des jeunes filles ou à de très jeunes femmes. Si elle est pauvre, il lui fait éviter les étoffes, les garnitures, les accessoires coûteux et de peu de durée. Elle leur préfère les choses plus simples et de plus d'usage.

Le bon sens fait encore qu'une personne se connait bien et s'habille selon sa figure et sa tournure. Elle sait, par exemple, qu'elle est laide et elle ne porte pas des modes excentriques qui feraient encore plus remarquer sa laideur. Elle sait encore qu'elle est trop grosse ou trop grande ou trop maigre et elle choisit des étoffes, des dessins, des formes qui diminueront autant que possible ce défaut. Elle n'ignore pas qu'elle est trop rouge ou trop pâle et que certaines couleurs atténuent cet inconvénient : elle les porte de préférence aux autres.

82. Importance du goût. — La personne dépourvue de bon sens est incapable de tenir compte de toutes ces considérations. Elle a, le plus souvent, une fausse idée d'elle-même, se croit jeune, ou jolie, ou fraîche alors qu'elle est tout le contraire et s'habille de telle sorte que sa toilette l'enlaidit encore.

83. Le goût et les habitudes de l'œil. — Vous voyez comment l'œil prête son concours au bon sens, chaque fois que nous avons à décider en matière de toilette.

En effet, si le bon sens donne à une personne la volonté de se connaître, c'est l'œil qui lui permet de se voir *exactement* comme elle est. C'est lui qui juge, après que le bon sens les a admis comme convenant à notre âge et à notre situation, que telle couleur, telle forme de robe ou de chapeau nous va *bien* ou nous va *mal*.

C'est l'œil enfin qui nous permet d'*arranger* notre toilette de manière à dissimuler nos défauts et à faire valoir nos qualités physiques.

On peut dire que l'œil est le *sens du ridicule* : c'est lui qui le découvre, lui qui en est offensé ou s'*en réjouit* malicieusement, partout où il le rencontre.

Mais tous les yeux ne voient pas les choses de la même façon, sans quoi tout le monde aurait les mêmes goûts, tandis que, à chaque instant, ce qui plaît aux uns déplaît aux autres. Voilà pourquoi vous devez travailler à donner à votre œil de bonnes habitudes si vous voulez avoir du goût.

84. Où prend-on ces habitudes de l'œil? — Ces habitudes vous les prendrez dans votre famille, par l'exemple de votre mère, de vos sœurs aînées : si elles ont du goût, vous en aurez.

C'est aussi à l'école, grâce à l'exemple, aux conseils, aux directions de vos maîtresses que l'éducation de votre œil se fera plus sûrement encore. Elles vous apprendront que rien n'est joli en dehors de ce qui est *simple*. Elles vous enseigneront à choisir dans la mode ce qui vous ira bien, tout en convenant à votre situation modeste.

85. La mode : ses inconvénients. — La mode est, vous le savez déjà, la manière de s'habiller. Elle varie d'une année et même d'une saison à l'autre, si complètement parfois que nous rions du chapeau ou de la robe laissés de côté pendant quelques mois le jour où nous les tirons de leur armoire.

La mode est, pour beaucoup de jeunes filles, un véritable oracle et elles lui obéissent « les yeux fermés ».

Cette expression est bien juste, car il leur suffirait souvent d'*ouvrir les yeux*, c'est-à-dire d'examiner une mode nouvelle sans parti pris favorable pour reconnaître qu'elle est absurde et ridicule.

Fig. 31. — Les énormes manches, les immenses chapeaux donnent aux bras et à la tête beaucoup trop d'importance.

Fig. 32. — Les crinolines d'autrefois faisaient paraître le bas du corps beaucoup trop volumineux.

4.

Toute mode qui exagère ou dénature les proportions du corps humain en est là.

C'est ainsi que les énormes manches, les immenses chapeaux donnent aux bras et à la tête plus d'importance qu'ils n'en doivent avoir (fig. 31).

Les crinolines d'autrefois, que vous n'avez pas connues, faisaient paraître le bas du corps beaucoup trop volumineux par rapport au buste, qui devenait grêle et insuffisant au sommet de cette vaste cloche (fig. 32).

La mode qui veut faire la taille fine est non seulement nuisible à la santé, mais contraire à l'harmonie du corps qui ne doit pas rentrer ainsi entre la poitrine et les hanches.

86. Comment on doit suivre la mode. — On ne peut pourtant pas se dispenser de suivre la mode, si l'on ne veut pas se faire *remarquer*. Mais il faut la suivre dans ce qu'elle a de modéré, de simple, de facile à porter, parce que personne n'y prend garde; tandis qu'on remarque au contraire tout ce qu'elle a d'*exagéré*.

Plus vos familles sont nombreuses et de condition modeste, plus vous devez, pour leur éviter des dépenses, *faire durer* vos vêtements. Il faut par conséquent que la couleur, la forme des vêtements passent inaperçues, si vous ne voulez pas que ceux qui vous voient en soient très vite fatigués.

Les formes très simples, les couleurs qui ne tirent pas l'œil peuvent se porter bien plus longtemps que les modes exagérées et les couleurs voyantes : elles restent plus longtemps jolies. On dit qu'elles ne *datent pas*, c'est-à-dire que nous pouvons les porter indéfiniment, sans que personne autour de nous leur assigne un âge.

Ce n'est malheureusement pas toujours celles que l'on adopte dans les villages et dans les petites villes.

Pourquoi le goût y est-il presque toujours moins formé, moins bon que dans les grandes villes? Parce qu'on y a moins d'occasions de comparer entre elles des toilettes différentes et qu'on y sait peu de chose sur la mode.

87. Les garnitures et le clinquant. — Une enfant qui a du goût a horreur des garnitures, des accessoires qui sentent le *clinquant*. Savez-vous bien ce que signifie ce mot? En matière d'ajustement il s'applique à tout ce qui fait du bruit, du tapage.

On a d'abord appelé « clinquant » les *paillettes* de cuivre, les verroteries dont les saltimbanques se parent dans les foires. On a ensuite donné le même nom à tout ornement de mauvais goût, destiné à attirer l'attention.

Mettre, par exemple, sur un chapeau, des fleurs mélangées de perles d'acier, de cuivre; piquer dans ses cheveux des peignes de couleur ou ornés de verroteries, c'est porter du clinquant.

Les personnes ainsi parées ne vous rappellent-elles pas ces malheureux que vous avez vus parader sur les tréteaux des baraques, pendant la foire?

88. Les faux bijoux. — Ce nom de clinquant s'applique encore à tous les faux bijoux dont les jeunes filles aiment trop souvent à se couvrir, dans l'espoir de s'embellir.

Ces broches, ces boucles d'oreilles en fausses perles *, en verre singeant les pierres précieuses, dénotent leur peu de goût, leur peu de bon sens et leur nuisent plus qu'elles ne les parent.

Si elles étaient plus sérieuses, elles comprendraient

que personne ne se trompe sur la valeur de ces bijoux.

On sait bien que le colporteur *, le mercier ou le bazar voisin les ont fournis pour quelques sous.

Dès lors, elles verraient ce que leur coquetterie naïve et de mauvais goût a de ridicule et elles s'en garderaient.

Résumé.

1. Ce n'est pas notre toilette qui fait notre valeur : ce sont nos bonnes manières.

2. Il faut s'habiller selon sa *position* de fortune : le bon sens le veut ainsi.

3. Il veut encore que l'on s'habille selon sa figure, son âge.

4. Le *goût* vient en aide au bon sens.

5. Il nous fait *distinguer* ce qui nous va bien qu nous va mal.

6. Il nous fait éviter les *exagérations* de la mode; choisir ce qui ne *date* pas. Il nous inspire l'horreur du *clinquant*.

RÉCIT

L'élégance de Jeanne.

« Ainsi, c'est convenu, Marie; je viendrai te chercher, demain, pour aller à la foire, puisque c'est dimanche et que ma tante veut bien nous y conduire. »

Et Jeanne, se penchant à l'oreille de Marie, ajouta d'un air de confidence joyeuse :

« Tu sais, j'ai une robe et un chapeau neufs, très jolis. Je suis sûre que tout le monde va me regarder ! »

Là-dessus, les deux fillettes, qui sortaient de l'école (fig. 33), se séparèrent pour rentrer chacune chez elle.

Marie avait d'abord accepté avec beaucoup de plaisir l'invitation de son amie Jeanne. Maintenant sa joie était moins vive, sans qu'elle sût pourquoi. Elle se répétait la dernière phrase de Jeanne et songeait qu'elle n'avait à mettre qu'une robe déjà portée par sa sœur, puis rajustée à sa taille, et un chapeau que sa bonne mère avait défait, nettoyé et regarni avec les rubans de l'été précédent.

Elle était bonne et simple cette petite Marie. Quand elle voyait le mal que prenait sa mère pour que ses trois petits frères, sa sœur aînée

Fig. 33. — Les deux fillettes sortant de l'école.

et elle fussent toujours propres et bien tenus, elle trouvait qu'elle avait encore trop de robes et de chapeaux. Mais quand elle était avec Jeanne si heureuse, si fière de ses belles toilettes, une tristesse la prenait toujours. — Il faut vous dire que Jeanne n'avait plus sa mère et que son père et sa vieille tante la gâtaient à l'envi l'un de l'autre. — Ce jour-là, l'idée de se montrer à la foire, mal vêtue, à côté de Jeanne en grande toilette, chagrinait Marie plus qu'à l'ordinaire.

« C'est mal, se dit-elle tout à coup; maman ne peut pas dépen r pour m'habiller ce que le papa de Jeanne dépense. Je suis bien ingrate vraiment et je ne devrais pas envier les toilettes de mon amie. »

Sur ce, elle pressa le pas, comme pour secouer ses vilaines idées. Quand elle ouvrit la porte de sa maison et vit sa mère assise à coudre, sa figure retrouva la bonne et joyeuse expression qui lui était habituelle.

Comme les autres jours, elle se hâta d'apprendre ses leçons, après quoi elle se mit à aider sa mère et sa sœur dans les travaux du ménage, sans plus penser à Jeanne et à ses atours. Et puis, Jeanne n'avait pas un délicieux petit frère à coucher, à endormir! Marie éprouvait chaque soir un nouveau plaisir à deshabiller le bébé qui, les yeux déjà fermés à moitié, lui riait encore et lui tendait ses petits bras potelés qu'elle dévorait de baisers.

Le lendemain, Marie était toute à la joie d'une promenade à la foire, pendant qu'elle s'habillait avec soin. Sa robe en simple étoffe de coton bleu pâle n'avait ni un ruban, ni un bout de dentelle; mais elle était fraîche, bien repassée et faisait ressortir le blanc rosé de la figure, ainsi que le blond doré des cheveux. Son chapeau, en paille blanche, avait un gros nœud de ruban de même couleur et sa mère avait bien voulu lui donner le bout de ruban qui lui était resté pour nouer ses cheveux.

Vraiment Marie était bien jolie avec cette petite robe et ce simple chapeau! Elle ne put s'empêcher de le reconnaître en jetant un coup d'œil sur la glace pendue au-dessus de la cheminée.

Elle était à peine prête quand Jeanne entra dans la chambre.

Jeanne était une brune colorée, un peu plus grande que son amie, un peu plus forte et l'on aurait pu dire d'elle que c'était une belle fillette. Mais elle gâtait sa bonne mine par sa mauvaise tenue. Le cou en avant, le dos arrondi, les bras toujours en mouvement, elle paraissait plutôt mal faite et n'était pas agréable à voir.

Ce jour-là, ses défauts étaient singulièrement exagérés par le mauvais goût de sa toilette.

Une robe d'un rouge éclatant envoyait à ses joues des reflets qui les enluminaient comme celles d'une poupée. Sur les épaules, sur le cou, de la dentelle crème jusqu'à être jaune, des nœuds de ruban, plus vif encore que sa robe, la faisaient paraître presque bossue. La jupe n'était pas moins ornée que le corsage; mais le chapeau qui surmontait cette pyramide d'étoffe la complétait dignement.

Des fleurs, des plumes, des rubans, de la dentelle, de quoi garnir enfin une demi-douzaine de chapeaux : voilà ce qu'on avait trouvé le moyen de faire tenir entre les cornes bizarres formées par une paille d'un vert cru.

Jeanne s'arrêta au milieu de la chambre et se laissa envelopper par le regard stupéfait de son amie.

« N'est-ce pas que je suis belle? » s'écria-t-elle ravie.

Et sans donner à Marie le temps de lui répondre, elle ajouta :

« Tu aurais bien dû te faire belle aussi et mettre ta *toilette neuve.* »

Elle savait bien, en disant cela, que Marie n'avait pas de « toilette neuve »; mais elle obéissait à un mauvais sentiment de vanité qui la poussait à humilier sa compagne.

Celle-ci, rougissante et prête à pleurer, lui dit pourtant avec fierté :

« Oh! si tu ne me trouves pas assez bien habillée, tu n'as qu'à me laisser ici!

— Mais non, mais non, quelle idée! Tu sais bien que je ne m'amuserais pas sans toi; et puis, ma toilette attirera l'attention et on ne s'occupera pas de toi. »

Décidément, Jeanne était dans ses mauvais jours, dans ses jours de sotte vanité. Mais, par amour-propre, Marie ne voulut pas lui montrer combien elle était froissée et elle la suivit sans rien répondre.

Grande était l'animation sur le champ de foire. Les baraques étaient plus nombreuses et plus belles cette année et la foule se pressait joyeuse pour voir leurs merveilles.

Non seulement « tout le pays » était là, mais encore beaucoup de gens des villages environnants et même des promeneurs venus de la ville. Leur présence devait faire le malheur de la pauvre Jeanne!

La fillette éprouvait un tel contentement à se sentir si belle qu'elle en perdait un peu la tête. Aussi poussait-elle les gens, à droite, à gauche, pour se faire une place devant les baraques qui attiraient sa curiosité. Déjà, ses coups de coude avaient provoqué, à plusieurs reprises, le mécontentement des badauds. Mais les braves paysans qu'elle avait ainsi bousculés s'étaient contentés de lui lancer une épithète plus ou moins flatteuse, tout en lui faisant place. L'un d'eux lui avait même dit :

« Eh! la petite demoiselle! on devrait être un peu mieux apprise quand on est *harnachée* comme vous voilà! »

Jeanne s'était mise à rire, ne comprenant pas la raillerie déguisée sous le compliment.

Marie, gênée par les façons de sa compagne, l'avait tirée plusieurs fois par sa robe, disant :

« Jeanne, ne pousse donc pas; fais attention, Jeanne, tu vas te faire dire des sottises. »

Mais Jeanne ne l'écoutait pas et sa tante, habituée à faire toutes ses volontés, la suivait sans oser lui adresser la moindre gronderie.

Elles arrivèrent enfin près des chevaux de bois. Ce divertissement, toujours très goûté de Jeanne, allait aujourd'hui lui permettre de mieux montrer encore ses beaux atours.

Déjà, les petites voitures étaient pleines de femmes et d'enfants; les chevaux étaient pris d'assaut par des gamins, des jeunes gens, des jeunes filles même. Jeanne aurait pu attendre le tour suivant, mais sa vanité excitée ne le lui permit pas.

Un groupe de jeunes gens, venus de la ville, s'apprêtait à monter à cheval. Jeanne voulut se jeter entre eux et les chevaux qu'ils allaient prendre; mais elle le fit avec tant de brusquerie qu'elle marcha en plein sur le pied de l'un d'entre eux (fig. 34). Il était mal disposé, ou peut-être avait-il un cor : le fait est qu'il se fâcha contre « l'impertinente gamine ». Il n'en fallait pas davantage pour que ses camarades, dont Jeanne venait d'attirer l'attention, se missent à rire de sa toilette. Au lieu de se retirer, Jeanne se mit en colère; alors les rires redoublèrent.

Évidemment ces jeunes gens ne se conduisaient pas en jeunes gens bien élevés et ce qui suivit nous permet de croire qu'ils ne l'étaient pas, en effet. Mais la conduite de

Jeanne ne les excuse-t-elle pas un peu? Du reste, comme tous ceux qui étaient là, ils étaient venus pour s'amuser et

Fig. 34. — Jeanne marcha en plein sur le pied d'un des jeunes gens.

c'était bien tant pis pour Jeanne si elle leur fournissait l'occasion de le faire à ses dépens.

Donc, devant la colère de Jeanne, les rires avaient redoublé.

« Oh! la robe rouge! gare aux bœufs! s'écria l'un des jeunes gens.

— Le beau chapeau! s'exclamait l'autre. Plumes et fleurs à vendre, qui en demande? qui en désire? il y en a pour tout le monde! »

Un troisième, imitant le ton des saltimbanques sur leurs tréteaux et s'adressant à la foule, disait :

« Mesdames et messieurs, vous voyez ici le carnaval en personne. »

Tout le monde riait; Jeanne était exaspérée et comme le propriétaire des chevaux de bois mettait sa machine en mouvement dans l'espoir de faire cesser la scène, deux des jeunes gens enlevèrent Jeanne

Fig. 35. — Marie ne la laissa pas achever et lui ferma la bouche en l'embrassant.

comme une plume et la placèrent sur le dos d'un cheval pendant qu'ils enfourchaient ceux d'à côté.

Jeanne, hors d'elle-même et rouge de honte, fut ainsi livrée en spectacle à la foule amusée.

Dès que ses bourreaux l'eurent remise à terre, elle se jeta dans les bras de sa tante et elle éclata en sanglots.

En la voyant pleurer, les personnes qui l'entouraient cessèrent de rire et la prirent en pitié, car si la foule aime à s'amuser, elle n'est pas méchante.

« Pauvre petite, disait-on, ce n'est pas de sa faute si elle est ridicule. A cet âge, on ne sait pas s'habiller; on aime tout ce qui est voyant et on prête à rire sans le savoir. »

A travers ses pleurs et à mesure que sa tante l'entraînait, Jeanne entendait ces condoléances qui achevaient de lui ouvrir les yeux sur ses défauts.

En arrivant chez elle, suivie par la pauvre Marie profondément attristée par cette scène, elle se jeta dans ses bras.

« Oh! Marie, Marie, disait-elle suffoquée par les larmes, je te demande pardon. J'ai eu honte de ta simplicité et j'étais contente de penser que ma toilette te ferait envie. C'est moi qui ai été pour toi une cause de honte et... »

Marie ne la laissa pas achever et lui ferma la bouche en l'embrassant (fig. 35).

La leçon avait été rude pour Jeanne, mais, grâce à son bon naturel, elle en profita.

Marie et Jeanne, liées par une amitié que les années fortifieront encore, rivalisent maintenant de simplicité. Elles se rappellent leur promenade à la foire; mais elles ne font plus qu'en rire. Quand une d'elles a un nœud de ruban, une fleur aux couleurs un peu vives, l'autre lui demande en riant :

« Est-ce que tu vas à la foire aujourd'hui? »

CHAPITRE V

De la tenue.

89. Rien n'est laid comme une petite fille qui se tient mal. — On dit souvent, pour excuser la mauvaise tenue d'une fillette : « Elle est à l'âge ingrat » ou encore : « Elle grandit trop vite et ne sait comment se tenir » (fig. 36).

On a tort de parler ainsi, car l'enfant qui prend de mauvaises habitudes de tenue les conserve toute sa vie.

Soyez sûres que si, par exemple, vous vous habituez à porter la tête en avant, à arrondir votre dos, à ne pas vous tenir d'aplomb sur vos jambes quand vous êtes debout, vous conserverez plus tard ces habitudes disgra-

Fig. 36. — Elle grandit trop vite et ne sait comment se tenir.

cieuses. Or, n'oubliez pas, vous qui êtes déjà un peu coquettes, que rien n'est plus laid qu'une jeune fille qui *se tient mal*.

90. Ce que comprend la bonne tenue. — La bonne tenue comprend plusieurs choses : elle se compose de la tenue générale du corps, du port de la tête, de la démarche, des mouvements.

La tenue générale du corps est bonne quand, dans son ensemble, il est *d'aplomb*, c'est-à-dire quand il ne *penche* ni à droite ni à gauche, ni en avant, ni en arrière. N'avez-vous jamais remarqué combien sont disgracieuses ces enfants qui ont toujours l'air de faire supporter tout le poids de leur corps à une seule de leurs jambes? ou encore ces gran-

Fig. 37. — Enfant se tenant bien.

des personnes dont le buste paraît s'affaisser, dont tout le corps s'alourdit dans une attitude abandonnée et molle? L'impression que produisent les unes et les autres est désagréable.

Au contraire, on aime à voir un corps que l'on sent ferme, qui est bien droit sans être raide (fig. 37). A votre âge il importe encore de se bien tenir pour une autre raison.

91. La bonne tenue aide au bon développement. — Vous devez vous bien tenir pour ne pas nuire au développement *proportionné* des différentes parties du corps et des organes qu'il renferme.

Si vous penchez votre buste en avant, si vous arrondissez votre dos en faisant proéminer * vos omoplates *, vos poumons seront *comprimés*. Voyez-vous la conséquence? vous respirerez mal et, par suite de cette respiration incomplète, votre sang insuffisamment purifié s'appauvrira très vite.

92. L'anémie : ses dangers. — Vous savez déjà que la pauvreté du sang s'appelle l'*anémie*, qu'elle arrête la croissance et ruine la santé.

Appliquez-vous donc à bien *ouvrir votre poitrine*, c'est-à-dire à rejeter vos épaules en arrière de telle sorte que vous sentiez le bas de votre omoplate appuyer sur la colonne vertébrale. Vous verrez alors que vous respirez « à pleins poumons ».

Ce mouvement de l'omoplate donne au bras sa véritable position, parce qu'il rapproche le coude de la hanche et porte l'avant-bras un peu en avant du buste. Au contraire, quand le dos s'arrondit, le bras s'écarte du corps, comme une anse de panier, et le coude forme une saillie fort laide.

Le buste bien droit, bien d'aplomb sur les hanches donne à une personne un air de *fermeté*, d'énergie; le buste affaissé, rejeté en avant la fait paraître molle, nonchalante.

93. Le port de la tête. — La manière de porter la tête contribue beaucoup à la bonne tenue.

Qu'un chien de chasse tende le cou en avant pour mieux flairer la trace du gibier, c'est bien ; mais l'homme est fait, a-t-on dit, « pour regarder le ciel ».

Rien n'est plus gracieux que le cou quand il s'élance fièrement des épaules, droit sans raideur, flexible et dégagé. Mais quand il a l'air de vouloir rentrer dans les épaules, quand il se penche en avant comme s'il ne pouvait pas supporter le poids de la tête, il donne à toute la personne un air lourd et niais.

Si le cou est bien d'aplomb sur les épaules, la tête est nécessairement droite et le regard aussi.

Une enfant baisse souvent la tête par suite d'une ridicule timidité et alors son regard *en dessous*, honteux lui donne un air impoli ou même peu *franc*.

Le port de la tête n'a rien de commun avec la vraie timidité qui consiste à sentir le peu que l'on est par rapport à des personnes plus âgées, plus instruites, meilleures. Dans ce cas la timidité, inspirant un plus grand respect pour ces personnes, fait qu'on tient la tête droite et qu'on les regarde en face, *par politesse*.

94. Comment il faut marcher. — La démarche contribue, elle aussi, à la bonne tenue et vous trouverez dans le langage courant une série d'expressions consacrées pour indiquer la manière de **marcher** habituelle à chaque personne.

On parle, par exemple, d'une démarche *lourde, nonchalante, molle*; ou, au contraire, *légère, ferme, élégante*.

C'est à vous de mériter, par votre manière de marcher, un qualificatif flatteur, et vous allez voir que ce n'est pas bien difficile.

Pour bien marcher il faut bien tenir sa jambe et son pied.

Si vous *laissez aller* votre jambe quand vous marchez, elle devient molle, elle fléchit trop; le genou fait alors une saillie exagérée et il semble, à chaque pas que vous faites, que vous soyez prêtes à tomber.

Il faut, pendant la marche, que votre volonté dirige votre jambe de manière que le mollet rentre légèrement *en dedans* et que le genou et le pied tournent un peu en dehors. Ce dernier doit toucher le sol plus fortement vers la pointe que vers le talon, sans quoi la démarche devient pesante et disgracieuse.

Quand vous êtes debout et immobiles, vos talons se rapprochent l'un de l'autre et vos pointes s'écartent; la même disposition doit se retrouver dans la marche.

Enfin, si vous voulez avoir une jolie démarche, évitez de vous balancer en portant le haut du corps tantôt sur une jambe, tantôt sur l'autre, à la façon des canards.

Mais pour éviter ce vilain déhanchement, ne vous raidissez pas et ne marchez pas tout d'une pièce comme un soldat qui fait l'exercice (fig. 38). Évitez de faire des pas trop grands, ou trop petits; proportionnez-les à la longueur de vos jambes.

Fig. 38. — Soldat au port d'armes.

95. Les mouvements : leur importance. — En dernier lieu, la bonne tenue dépend des mouvements.

Une personne qui s'agite, qui gesticule quand elle parle, quand elle écoute, quand elle marche se fait toujours mal juger. On dit qu'elle est *vulgaire*, mal élevée. Il en est de même pour les fillettes.

Il est naturel qu'on fasse des gestes en parlant, mais seulement quand ce que l'on dit a besoin d'être *souligné*, *accentué* par eux. Si vous vous observez avec un peu d'attention, vous verrez que le plus souvent ce que vous dites n'a pas besoin d'être accompagné de gestes.

Les mouvements doivent donc être rares, mais en même temps aisés.

Qu'est-ce qu'un mouvement aisé? C'est celui que l'on fait naturellement, sans effort, quand il est *nécessaire*. Certaines personnes ne savent ni ouvrir ni fermer une porte, ni ramasser un objet tombé à terre, ni se moucher, ni s'asseoir. Dans tous ces cas et d'autres du même genre, elles ont l'air de déployer ou trop ou pas assez de force; elles font un mouvement ou trop *étendu* ou trop *limité*. Elles laissent tomber ce qu'elles touchent ou le serrent comme si elles allaient tout briser. Elles sont maladroites, gauches, bruyantes : elles manquent d'*aisance*.

96. Qu'est-ce que l'aisance? — L'aisance tient donc le milieu entre la mollesse et la brusquerie des mouvements. Elle résulte de la *proportion* que nous savons établir entre l'effort que nous déployons et le but que nous voulons atteindre. S'agit-il, par exemple, de soulever une chaise, il est évident que nous devons faire un effort plus grand que si nous voulons soulever un journal.

Comme vous venez de le voir, si vous voulez que votre tenue soit bonne, vous éviterez avec soin toutes les habitudes du corps qui trahiraient la mollesse, la nonchalance, la raideur, la brusquerie, la gaucherie.

Rappelez-vous que d'après votre tenue de *tous les instants*, on dira que vous êtes bien ou mal élevées.

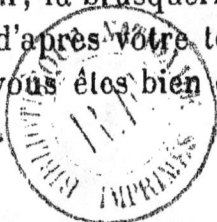

On ira plus loin et on jugera d'après elle votre caractère, parce que, presque toujours, nos habitudes physiques sont comme l'image de nos qualités et de nos défauts.

Résumé.

1. Rien n'est laid comme une jeune fille qui se tient mal.

2. La tenue générale du corps, le port de la tête, la démarche, les mouvements d'une petite fille la font bien ou mal juger.

3. Le corps doit être *d'aplomb* pour être agréable à voir et pour permettre aux organes internes de bien fonctionner.

4. Le buste doit être d'aplomb sur les hanches.

5. La tête droite et *haute* donne de la grâce à la personne et lui permet de regarder en face, ce qui est plus poli.

6. La démarche doit être ferme sans raideur ; les mouvements *rares* et *aisés*, sans brusquerie, sans mollesse.

CHAPITRE VI

La maison.

97. La tenue de la maison vous regarde-t-elle? — Il semble, au premier abord, qu'un chapitre sur la maison n'a pas de place dans un livre destiné à des fillettes.

Vous pensez sans doute, en effet, que toutes les questions relatives à la maison ne vous regardent pas et que vos mères seules en doivent prendre le souci.

Vous avez tort, si vous pensez ainsi. Vous pouvez, dans une large mesure, contribuer à rendre la maison désagréable ou agréable à votre père, à vos frères, à tous ceux qui vivent avec vous.

Comment rendrez-vous la maison désagréable? en la remplissant de votre désordre et de votre malpropreté.

Une enfant qui ne peut toucher une chose sans la laisser hors de sa place ; qui rapporte de la boue plein ses souliers; qui rentre par la pluie, sans avoir eu la précaution de se secouer avant d'entrer; qui pose son parapluie trempé au premier endroit venu, le laissant s'égoutter par terre; qui renverse sur les meubles, sur le parquet un peu de tous les liquides qu'elle touche : une telle enfant est un *fléau* pour la maison. Elle en donne le dégoût à tous les siens, qui peu à peu se lassent de remettre de l'ordre ou d'approprier. Vous voyez dans quel état de malpropreté et d'abandon tombera bientôt une pareille maison !

Mais suffit-il de ne pas salir, de ne pas répandre du désordre autour de soi ?

Évidemment non.

Une enfant bien élevée sent que pour être agréable la maison demande des soins plus minutieux, plus compliqués. D'autre part, elle sait bien que sa mère, trop accablée d'ouvrage pressant, ne peut pas les prendre, et elle s'en charge. Aussi allons-nous lui donner quelques recettes qui l'aideront dans sa tâche.

98. Soins des parquets. — Les parquets sont exposés, dans une cuisine, à recevoir des taches d'huile ou de graisse (fig. 39). Pour les enlever vous n'avez qu'à les frotter avec un chiffon imbibé de pétrole *. Dès que le pétrole est évaporé, vous lavez à l'eau et au savon noir et la tache disparaît entièrement.

Fig. 39. — Les parquets sont exposés à recevoir des taches d'huile ou de graisse.

Le pétrole enlève encore les taches sur les meubles vernis ; mais au lieu de les laver quand il est évaporé, vous les frottez *à sec* avec un chiffon de laine et vous leur rendez ainsi leur brillant.

Le pétrole vous servira encore à faire briller les ustensiles en étain, que vous frotterez avec un chiffon imbibé de ce liquide.

99. Nettoyage du cuivre. — Dans certains pays même très pauvres, on a conservé l'usage des usten-siles en cuivre, tels que cruches, bouilloires, etc. Vous pouvez fabriquer vous-mêmes une eau très éco-nomique pour l'entretien de ces ustensiles.

On fait fondre dans un litre d'eau tiède 60 grammes d'acide oxalique *, encore appelé « sel d'oseille »; on y ajoute pour 10 centimes de tripoli et on con-serve ce liquide dans une bouteille qu'on a soin d'agiter avant de s'en servir.

On frotte son cuivre avec quelques gouttes de ce liquide versées sur un chiffon, puis avec un linge bien *sec* sur lequel on met un peu de poudre de *tripoli*.

100. Nettoyage des couteaux. — Pour net-toyer les couteaux, on a une pierre spéciale, connue sous le nom de « pierre à couteaux ». On la gratte avec le tranchant d'un couteau, pour en faire tomber un peu de poudre très fine. On étend cette poudre sur un morceau de drap ou sur une planche spéciale recouverte de peau et sur laquelle on frotte la lame du couteau, à plat.

101. Nettoyage des couverts. — Pour nettoyer des couverts en métal ou en argent on délaie du blanc d'Espagne dans un peu d'eau ; on trempe dans cette espèce de pâte un chiffon avec lequel on frotte cuil-lères et fourchettes. On les rince ensuite à l'eau fraîche et on les essuie.

102. Bouteilles et lampes. — Voici enfin deux procédés très simples pour laver les bouteilles et pour nettoyer les lampes à pétrole.

On coupe du papier en très petits morceaux que l'on introduit dans une bouteille; on la remplit d'eau jusqu'au quart environ et on l'agite en tous sens. La bouteille est bientôt d'une propreté parfaite. Le même procédé convient aux carafes.

Quand une lampe encrassée par le pétrole n'éclaire plus bien, on fait un léger lait de chaux en mélangeant de la chaux éteinte et de l'eau. Le lait de chaux introduit dans la lampe, que l'on agite, ramollit et détache la crasse déposée par le pétrole et la lampe est nettoyée.

Si on emploie le lait de chaux tiède, le nettoyage se fait encore plus rapidement.

103. Nécessité d'aérer la maison. — C'est encore à vous qui étudiez un peu de science que revient le soin d'aérer la maison, si vous voulez la rendre tout à la fois *agréable* et *saine*.

Quand on entre dans une chambre où l'air n'est pas renouvelé, on est pris à la gorge par des odeurs *nauséabondes* *, ainsi appelées très justement parce qu'elles donnent des *nausées* *. On n'a dès lors qu'une envie : celle de se sauver au plus vite.

Cette impression désagréable nous avertit fort heureusement que cette chambre est malsaine et nous oblige à l'aérer. Mais il arrive trop souvent que l'on s'habitue aux mauvaises odeurs conservées dans un appartement où l'air n'est pas pur, et alors la santé souffre, sans que l'on sache pourquoi.

Rappelez-vous que plus on est nombreux dans un appartement et plus il est *indispensable* d'en renouveler l'air souvent. Chacun de nous aurait besoin pour se bien porter de 10 mètres cubes d'air environ. Quel est le logement où l'on dispose d'un pareil volume d'air? Mais alors, vous voyez combien il importe de remplacer la quantité par la qualité.

Etablissez, de temps en temps, des courants d'air; ne craignez pas d'ouvrir les fenêtres même quand il fait froid, et vous aurez de l'air nouveau, c'est-à-dire *plus pur* que celui dans lequel vous venez de respirer pendant quelque temps. Vous contribuerez ainsi à rendre le logis agréable et sain pour tous ceux qui l'habitent.

104. L'activité fait des prodiges. — Une enfant bien élevée trouve le temps non seulement de *raffiner* sur les soins de grosse propreté les plus indispensables; mais encore d'embellir le logis de famille. Que lui faut-il pour cela? De l'activité et du goût.

L'activité permet à une fillette d'entretenir autour d'elle l'ordre le plus rigoureux. C'est elle qui renferme, qui remet en place les effets de chacun (fig. 40), les objets qui ont servi au travail ou au ménage.

Fig. 40. — C'est elle qui renferme et remet en place les effets de chacun.

C'est elle qui trouve, sous la direction maternelle, la meilleure place pour chaque chose.

105. La place de chaque objet. — Ce n'est pas tout de mettre un objet à une place *quelconque*; il

faut trouver celle qui convient le mieux à son usage ;
qui permet de s'en servir le plus vite et le plus com-
modément possible et qui, enfin, encombre le moins
l'appartement.

Cette meilleure place on finit toujours par la décou-
vrir si l'on réfléchit
un peu et si l'on
fait des essais d'ar-
rangements différents. C'est ainsi,
pour prendre un
exemple dans la
batterie de cuisine,
que la marmite des-
tinée à la soupe, ser-
vant chaque jour,
doit être placée à
la portée de la
main, sans que
d'autres ustensiles
soient posés ou
pendus par-dessus
(fig. 41).

Fig. 41. — La marmite destinée à la soupe
doit être placée à portée de la main.

**106. Les bibe-
lots affreux. —**
Le goût empêche une enfant de remplir la maison,
sous prétexte de l'orner, d'objets déplaisants à voir.
Il lui inspire l'horreur de tous ces *bibelots* très laids
dont elle aime trop souvent à s'entourer, se les faisant offrir à titre de récompense ou les achetant sur
ses économies.

Vous savez qu'on appelle bibelots tous les objets sans destination utile et faits simplement pour *orner*. On les dispose sur des commodes, des cheminées, des tables ou des étagères spéciales.

Vous trouverez dans tous les bazars, dans tous les tourniquets de foire des porte-flacons à forme bizarre, mélangés de dorure, d'argenture, de verre bleu ou rouge; des porte-fleurs (vases, jardinières) enluminés de peintures mal faites, aux couleurs criardes; des statuettes aussi laides de visage que de costume et d'attitude. Ne vous laissez pas tenter par tous ces objets. Regardez-les bien; comparez-les aux belles choses que vous voyez dans la nature : fleurs, plantes, animaux et vous reconnaîtrez qu'il leur manque la *simplicité*, la *grâce*, l'*harmonie*.

107. Fleurs en papier et fleurs fraîches. — De même, si vous avez du goût, vous ne voudrez pas voir autour de vous ces fleurs et ces plantes en papier, froide et laide imitation de la nature, si chères à quelques personnes.

La moindre fleur, la plus vulgaire plante que vous rapporterez de votre promenade leur sont cent fois préférables, parce qu'elles sont des *êtres vivants*.

De plus, on les remplace dès qu'elles sont fanées, tandis que l'on garde *indéfiniment* le bouquet artificiel terni, poussiéreux.

Il est malsain pour la santé, parce qu'il est devenu une *cachette à microbes* *; malsain pour l'œil, qu'il habitue aux laides choses.

C'est à vous que revient le soin d'approvisionner la maison de fleurs fraîches. Disposez-les de la manière la plus gracieuse, dans le plus simple des vases, et renouvelez l'eau souvent, afin d'éviter qu'elle se *cor-*

rompe et sente mauvais. Mais rappelez-vous qu'il est dangereux de garder la nuit, près de soi, des fleurs coupées ou des plantes. Mettez-les, le soir venu, dans un endroit où personne ne couche.

108. Pas de laides images. — Enfin, si vous avez du goût, vous n'accrocherez pas aux murs toutes les *images* qui vous tomberont sous la main.

Ces « chromos * » qui représentent des personnes dont la figure, le teint, la pose, le costume sont *faux*, c'est-à-dire ne ressemblent pas à ce que nous voyons autour de nous, vous seront absolument désagréables.

Pour peu que vous ayez du goût, vous ne voudrez pas les avoir sans cesse devant les yeux et vous leur préférerez des murs nus, si vous ne pouvez pas y mettre quelque bonne photographie.

La photographie a le grand avantage d'être sans prétention et de reproduire fidèlement les plus belles œuvres.

Dès que vous aurez quelques petites économies, demandez à votre maîtresse ce que vous avez à faire pour vous procurer des photographies reproduisant les plus beaux tableaux de notre grand musée national le Louvre.

Votre maîtresse vous indiquera aussi une maison de Paris où vous trouverez de grandes et belles gravures reproduisant ces mêmes chefs-d'œuvre du Louvre, à très bas prix.

Quelle joie pour vous de pouvoir mettre, grâce à votre économie, de jolis cadres sur les murs de la chambre maternelle !

Vous voyez comment il vous est possible et facile même de contribuer à rendre votre demeure plus agréable pour tous ceux qui l'habitent.

Résumé.

1. Une fillette rend la maison *agréable* par l'ordre qu'elle y fait régner ; *saine* par la propreté et la bonne aération qu'elle y entretient.

2. Elle a, en outre, le souci d'orner la maison : elle y apporte des fleurs fraîches, de la verdure.

3. Elle n'y introduit aucun bibelot de mauvais goût. Elle place dès qu'elle le peut de belles photographies sur les murs de la chambre maternelle.

RÉCIT

Une bonne petite fille.

PREMIÈRE PARTIE.

La cour de l'usine était encombrée de caisses, de meubles, de malles que des hommes descendaient d'une grande voiture de déménagement.

Du haut du perron de la maison de l'ingénieur, qui occupait tout le côté droit de cette cour, une jeune femme surveillait le déchargement (fig. 42).

Une jolie fillette de dix à onze ans tournait autour d'elle, montant et descendant sans cesse les marches, allant à la porte du jardin pour y jeter un coup d'œil, revenant vers la maison pour regarder par les fenêtres les pièces du rez-de-chaussée. Elle était aussi active que « la mouche du coche », et aussi *peu utile* qu'elle.

« Berthe, prends donc garde, disait à chaque instant la maman à sa fille, tu gênes ces hommes, tu vas te faire renverser ! »

L'étourdie se jetait de côté, puis revenait, sans y faire attention, sur le passage des déménageurs.

Pendant ce temps, dans le petit pavillon * occupé par le concierge, à côté de la porte d'entrée de la cour, une autre fillette, du même âge à peu près, allait et venait aussi. Mais chacun de ses pas avait son utilité, car elle aidait sa mère à *étirer* et à plier le linge de la lessive. (fig. 43).

Elle jetait bien de temps à un autre un coup d'œil dans la cour où tout ce mouvement excitait sa curiosité. Mais elle n'en travaillait pas moins activement pour cela.

« Maman, dit-elle enfin, la petite fille du nouvel ingénieur est bien jolie et je suis bien contente qu'elle soit arrivée.

— Oui, ma fille, elle est jolie, mais elle doit être trop gâtée. Depuis ce matin elle n'a pas eu l'idée une seule fois d'aider sa mère et, au contraire, elle n'est pour elle qu'un *embarras*.

— Oh! reprit Marguerite, toujours indulgente, elle ne connaît pas encore la maison, et alors elle ne sait pas comment il faut placer les meubles ou serrer le linge.

— Elle pouvait demander à sa mère, ou l'aider à trouver la place de chaque objet. Elle pourrait s'occuper au moins de faire porter ses affaires à elle dans la chambre qui lui est destinée.

— C'est vrai. », répondit Marguerite, et, toute songeuse, elle se remit à plier ses serviettes. Puis tout à coup elle dit :

« Maman, est-ce que je suis jamais un embarras pour toi quand tu fais le ménage?

— Jamais, mon enfant.

— Est-ce que je t'aide *bien vraiment*, et aurais-tu plus de peine si je n'étais pas à la maison?

— Mais oui; pourquoi me demandes-tu cela?

— Parce que j'aurais beaucoup de chagrin si on disait de moi ce que tu disais tout à l'heure de cette petite demoiselle : une enfant qui est un embarras pour sa mère doit être bien malheureuse. »

Le lendemain matin, la cour était déblayée et avait repris son aspect calme et tranquille, et sans quelques brins de paille, quelques clous restés entre les pavés, on n'aurait pas dit que des voitures de déménagement y avaient séjourné.

En revanche la maison de M. Loubet — c'était le nom du nouvel ingénieur — était encore en plein désordre.

Fig. 42. — Une jeune femme surveillait le déchargement.

Fort heureusement Mme Loubet était très active et, levée de grand matin, elle procédait avec le secours de quelques ouvriers à l'arrangement intérieur.

Tout ce bruit avait réveillé sa chère petite Berthe, qui s'était levée, elle aussi.

Mais, n'étant point habituée à faire seule sa toilette, elle avait appelé plus de vingt fois sa mère à son secours.

A la fin, celle-ci impatientée lui avait dit de se remettre

Fig. 43. — Elle aidait à tirer et à plier le linge de la lessive.

au lit et d'y rester jusqu'au moment où l'on pourrait s'occuper d'elle.

Cette décision n'étant point du goût de Berthe, elle n'en avait pas tenu compte et avait enfilé tant bien que mal ses vêtements. Elle s'était *débarbouillée à peu près*. Quant à se peigner, elle n'y était pas arrivée, comme le prouvaient ses cheveux en désordre.

Aussitôt cette demi-toilette faite, elle s'était remise à

tourner dans tous les appartements, touchant à tout, prenant une chaise ici pour la remettre là, un chandelier là pour le poser ailleurs, ainsi de suite.

« Je t'en prie, Berthe, va au jardin, tu nous embarrasses trop », s'écria enfin sa mère.

La petite fille se sauva bien vite dehors, sans prendre garde qu'elle avait des pantoufles, n'ayant pas réussi à retrouver ses souliers.

Il avait plu pendant la nuit et le jardin était détrempé ; elle aurait dû rentrer, demander ses souliers, les chercher : elle n'y songea même pas.

Au détour d'une allée elle se trouva en face de Marguerite en sabots (fig. 44). Elle tenait d'une main son tablier relevé et plein de haricots qu'elle venait de cueillir pour le dîner, tandis qu'elle portait sur son autre bras une botte de verdure.

Fig. 44. — Au détour d'une allée, elle se trouva en face de Marguerite en sabots.

« Bonjour, mademoiselle, dit-elle avec un aimable sourire.

— Bonjour ; comment vous appelez-vous ?

— Marguerite, mademoiselle.

— C'est un joli nom, moi je m'appelle Berthe.

— Votre nom est bien joli aussi, mademoiselle, reprit Marguerite toujours aimable. Vous vous mouillez les pieds. Dans notre pays, ajouta-t-elle, quand il a plu un peu le temps se refroidit vite et puis on s'enrhume.

— Bah ! je ne fais pas attention à ça, moi !

— Oui, mais si vous étiez malade, votre maman aurait du chagrin, et puis elle se fatiguerait pour vous soigner.

— Ça, c'est vrai; dès que je suis malade, maman se fatigue beaucoup. Mais toutes les mamans font la même chose, alors je n'y fais pas attention. Je quitterai mes pantoufles en rentrant pour ne plus avoir les pieds mouillés, et voilà!

— Oui, mais vous mettrez de la boue sur tous les parquets, tandis que l'on quitte ses sabots à la porte et la maison reste propre!

— Ah! c'est ça qui m'est égal, par exemple, s'écria Berthe en éclatant de rire. Quand la maison est sale, on la nettoie!

— Ah! si l'on a des domestiques pour la nettoyer, c'est possible qu'on n'y fasse pas attention. Mais chez nous quand la maison est sale, c'est maman qui a de la peine en plus. Quand je suis là je l'aide; mais lorsque je suis à l'école... Aussi j'aime mieux toujours avoir des sabots pour sortir.

— Eh bien, reprit Berthe, nous n'avons qu'une bonne chez nous; mais maman travaille beaucoup au ménage. Moi je ne l'aide jamais; je ne sais pas. Et cependant je n'ai jamais pensé à ne pas salir. »

Marguerite allait répondre; elle s'arrêta à temps : ce qu'elle voulait dire aurait sans doute fait de la peine à Berthe. Et puis elle n'osait pas la blâmer, ne la connaissant pas assez pour lui dire sa façon de penser. Elle se contenta de dire :

« Adieu, mademoiselle Berthe, maman attend les haricots.

— Et toutes ces belles branches de verdure, dit Berthe, qu'est-ce que vous voulez en faire?

— Je veux en mettre une partie dans notre salle et le reste dans la chambre de maman et dans la mienne.

— Ah bien, maman met ses fleurs elle-même dans ses vases. D'abord je n'y pense pas, et puis je casserais tout », dit Berthe en s'éloignant.

Marguerite s'empressa de raconter à sa mère la conversation qu'elle venait d'avoir avec Berthe.

« Oh! maman, ajouta-t-elle, je la trouve bien jolie et bien gentille, mais j'ai peur qu'elle n'aime pas assez sa mère.

— Si, mon enfant, elle aime sa mère; seulement c'est une enfant gâtée qui ne sait pas se donner de la peine pour les autres, parce qu'elle est habituée à ce qu'on s'en donne trop pour elle. »

Deux jours plus tard, Mme Loubet entrait dans la chambre de Berthe pour la réveiller et, dès la porte, levait les bras au ciel avec un air désolé.

Le spectacle n'était pas réjouissant en effet. La robe toute fraîche et jolie que l'enfant portait la veille était jetée au milieu de la chambre en paquet avec une bottine, une chemise, une éponge encore humide.

Sur la descente de lit l'autre bottine sortait à moitié des plis d'un jupon. Un peu plus loin, un livre ouvert à plat, sur le parquet, gisait à côté d'un peigne.

« Eh bien, quoi? dit Berthe en s'asseyant sur son lit. Pourquoi ne viens-tu pas m'embrasser, maman?

— Mais, ma pauvre enfant, regarde dans quel état est ta chambre! Vois ce que tu as fait de tes effets!

— Il ne fallait pas m'envoyer coucher, hier soir, toute seule, comme un pauvre chien, au lieu de venir me déshabiller et ranger mes affaires, dit tranquillement Berthe en regardant autour d'elle.

— Ma chérie, tu sais bien que cet emménagement m'a beaucoup fatiguée, tu sais qu'hier au soir j'avais un extrême besoin de repos. Tu parles comme une enfant sans cœur.

— Mais non, maman, je dis que je ne sais pas me déshabiller et mettre mes affaires en place, voilà tout.

— Berthe, tu vas avoir onze ans dans trois mois et tu oses dire que tu ne sais pas faire ce que font des enfants beaucoup plus jeunes que toi...

— Ma petite maman, ne te fâche pas, je t'en prie, et viens vite, vite m'embrasser ou je pleure », s'écria Berthe d'un air mutin.

Comme toujours sa mère trop faible céda à cette prière mêlée de menaces et Berthe eut encore une fois *gain de cause*. Quand elle eut déjeuné, sa mère lui dit :

« Puisque tu n'es bonne à rien, Berthe, va prier la concierge de venir m'aider à finir mes arrangements. »

Berthe fut bien vite à la porte de la loge. C'est Marguerite qui vint ouvrir et la fit entrer.

« Bonjour, madame Blanc; maman demande si vous pouvez venir l'aider à finir ses arrangements (fig. 45).

« — Très volontiers, mademoiselle. C'est aujourd'hui jeudi, et Marguerite n'allant pas à l'école pourra garder la porte; je suis donc à la disposition de votre maman. » Et elle ajouta :

« Marguerite, tu vas finir le ménage et tu mettras le dîner en train. »

Berthe la laissa partir et resta plantée devant Marguerite :

« Est-ce que vous allez obéir à votre maman?

— Oh! répondit la petite fille, toute rouge de surprise indignée, est-ce qu'on désobéit à sa mère?

— Non, reprit bien vite Berthe un peu embarrassée, je voulais dire : est-ce que vous allez *savoir* faire ce que votre maman a dit? »

Toute la gaîté de Marguerite reparut subitement.

« Ce n'est pas bien difficile, dit-elle! Je n'ai plus qu'à faire mon lit, qui *prend l'air* depuis que je suis levée, et à balayer ma chambre, tout le reste du ménage est fait. Quant au dîner, c'est une soupe aux légumes et une omelette : ce n'est pas bien difficile. »

Berthe se garda bien de répondre qu'elle trouverait tout cela très difficile et ne saurait comment s'en tirer. Elle se contenta de demander à Marguerite de lui montrer sa chambre.

« Je vous ai dit qu'elle n'était pas faite, mademoiselle Berthe, et j'aimerais mieux vous la faire voir quand elle sera propre et en ordre. »

Berthe insista et Marguerite lui ouvrit la porte de son petit réduit.

C'était plutôt un cabinet qu'une chambre. Cependant il y avait une fenêtre ouverte toute grande et par laquelle entrait à flots la fraîche brise matinale. Aussi on ne sentait pas la moindre mauvaise odeur, malgré les petites dimensions de la pièce.

Un petit lit, une petite table à toilette en bois blanc, une armoire, deux chaises composaient tout le mobilier de Marguerite.

Le lit était défait et les draps, la couverture, bien *étirés* et bien posés sur les chaises rapprochées l'une en face de l'autre, prenaient l'air sans se chiffonner ni se salir.

Sur la table, la cuvette essuyée déjà, la petite assiette à

savon très propre, les peignes et la brosse à cheveux posés

Fig. 45. — « Bonjour, madame Blanc ; maman demande si vous pouvez
venir l'aider à finir ses arrangements. »

sur un carré de grosse toile *bise* disaient assez les habitudes
de propreté et d'ordre de Marguerite.

Des vêtements étaient pendus à un portemanteau et recouverts d'un rideau. Curieuse, Berthe voulut les voir et souleva le rideau, puis elle ouvrit l'armoire. Partout le même ordre, le même souci de *bien arranger*, de *soigner*, de *conserver*.

Puis elle alla à la fenêtre, sur laquelle elle voyait une paire de chaussures et, à côté, un simple vase en verre uni plein de verdure *piquée* de quelques grandes marguerites.

« Pourquoi mettez-vous ces souliers et ce vase là?

— Les souliers pour les sécher et leur faire prendre l'air avant de les cirer; les fleurs pour ne pas les garder la nuit dans ma chambre. » Et s'excusant : « Je vous avais bien dit que tout était en désordre.

— Adieu », dit Berthe brusquement, et elle sortit.

Tout ce qu'elle venait de voir l'avait mise de mauvaise humeur. L'ordre, la propreté de cette *petite fille de concierge*, qu'elle considérait comme *très inférieure* à elle, la froissaient, l'humiliaient.

Pourquoi cette enfant se permettait-elle d'avoir des qualités qu'elle-même ne possédait pas?

Elle ne se disait pas qu'il ne tiendrait qu'à elle de les avoir; qu'elle pouvait imiter Marguerite.

Elle préféra prendre une résolution mauvaise.

« Je n'irai plus chez ces concierges, dit-elle avec mépris; et du reste je ne puis prendre cette petite pour mon amie. »

Elle rentra chez elle la figure boudeuse et s'enferma dans sa chambre.

(A suivre.)

DEUXIÈME PARTIE

LA PETITE FILLE DANS LA SOCIÉTÉ

CHAPITRE I

Des rapports sociaux en général.

109. Vivre c'est agir. — Nous avons dit en commençant ce petit livre qu'une enfant bien élevée se distingue de celle qui ne l'est pas par sa manière d'être et par sa manière d'agir.

Avez-vous jamais pensé que *vivre c'est agir* et que vos moindres actes, même ceux qui paraissent les plus insignifiants, ont toujours une valeur?

La morale nous apprend à distinguer un acte bon d'un acte mauvais. Le premier est précisément ce que le devoir nous commandait de faire; le second, au contraire, ce que le devoir nous défendait.

Cette distinction si importante, établie par la morale, n'est pas la seule que l'on puisse faire entre nos actes. En dehors de toute considération morale, nos actes contribuent tous à former l'opinion que les autres ont de nous.

110. Qu'est-ce que vivre en société? — Vous vivez en société, c'est-à-dire entourées de personnes avec lesquelles vous êtes en rapports d'affection, de position, d'affaires, d'intérêts.

Parmi ces personnes, les unes vous sont supérieures par l'âge, l'expérience, le savoir, la vertu; les autres sont vos égales. A votre âge ce n'est guère qu'avec ces deux catégories de personnes que l'on a des rapports, car on n'a pas encore d'inférieurs.

111. Ce que nous enseignent la morale et la bonne éducation. — La morale vous enseigne vos devoirs vis-à-vis de ces différentes personnes; mais la bonne éducation entre plus qu'elle dans les petits détails, dans les détails de la vie journalière et tout intime. Elle vous apprend ce que vous devez faire ou éviter pour n'être jamais ni importunes ni désagréables à ceux qui vous approchent.

Remarquez bien qu'il ne suffit pas d'être une bonne enfant, honnête, travailleuse et active pour être agréable aux autres. Toutes ces qualités sont très précieuses. Elles n'empêchent pas que l'on soit, parfois, ennuyeuses, gênantes, vraiment à charge aux autres si l'on manque de *savoir-vivre*, ou, en d'autres termes, si l'on ne sait jamais ce qu'il est *à propos* de faire et de dire.

La fillette bien élevée, toujours aimable et empressée, trouve ce qui peut être agréable à chacune des personnes qu'elle voit. Par une étourderie répréhensible, il ne lui échappe jamais un mot blessant, un acte ou même un geste impolis.

Elle sait être prévenante avec simplicité; modeste sans fausse timidité, réservée sans affectation. Elle est gaie sans être fatigante; elle est curieuse, sans indiscrétion; elle pense aux autres avant de penser à elle : aussi se fait-elle aimer par tout le monde.

Résumé.

1. Nous vivons en société et devons faire en sorte de n'être ni *désagréable* ni à *charge* à personne.

2. Une fillette a des supérieurs et des égaux. La morale lui enseigne ses devoirs à l'égard des uns et des autres.

3. La bonne éducation lui donne du savoir-vivre, c'est-à-dire lui apprend ce que, en toutes circonstances, elle doit faire ou éviter afin d'être aimable, etc. — Aussi est-elle *généralement aimée*.

CHAPITRE II

Des rapports avec les parents.

112. Il ne suffit pas d'aimer ses parents. — Vous aimez vos parents de tout votre cœur et vous croyez de bonne foi que cela suffit. Quand, en plus de cette affection sans bornes, vous leur accordez une obéissance quotidienne * et habituelle, votre conscience est parfaitement satisfaite et vous vous considérez comme le modèle des fillettes.

« Eh bien! n'est-ce pas vrai? dites-vous. Peut-on nous demander davantage? » Mais oui, vraiment, on peut vous demander davantage, et si vous êtes des enfants bien élevées, vous ne vous déclarerez pas satisfaites parce que vous aimez vos parents et que vous leur obéissez.

Et d'abord, une question : avez-vous le moindre mérite à aimer vos parents?

113. Ce que nous devons à nos parents. — Vous leur devez d'être au monde. Vous leur devez d'avoir pu conserver votre vie alors que vous étiez semblables à une pauvre *petite chose* (fig. 46), sans défense et sans protection, incapable de pourvoir à ses besoins déjà très nombreux et très impérieux. Ils vous ont donné, en outre, toutes les joies que vous avez goûtées et vous ont préservées de mille peines que vous ne soupçonnez même pas.

Si vous ne les aimiez pas, ces parents qui ont tant fait, vous seriez d'une *ingratitude révoltante.*

Avez-vous au moins du mérite à leur obéir? — Tout ce qu'ils vous commandent a tou-jours pour but votre bonheur, votre intérêt, votre

Fig. 46. — Vous étiez semblable à une pauvre *petite chose.*

avenir. Cessez de leur obéir et aussitôt vous vous exposez à des accidents (fig. 47), à des chagrins, à des mécomptes : votre santé, votre bonheur, votre avenir seront compromis du coup.

Vous voyez bien que vous travaillez dans votre intérêt chaque fois que vous obéissez à vos pa-rents.

Croyez-vous encore avoir du mérite en les aimant et en leur obéissant? Vous vous acquittez simplement d'un devoir et vous

Fig. 47. — Cessez de leur obéir et aussitôt vous vous exposez à des accidents.

êtes bien loin de leur rendre la *centième* partie de ce qu'ils font pour vous.

114. Il faut être une joie pour ses parents. — Aussi, l'enfant bien élevée se rend compte qu'en dehors des devoirs que la morale lui *impose*, elle a fort à faire pour être, dans sa famille, une cause perpétuelle de joie, car c'est à cela qu'elle veut arriver.

Elle y arrivera si elle a pour chacun des membres de sa famille le *respect* qu'elle lui doit.

Nous ne parlons pas ici de ce respect fait surtout d'obéissance, de soumission que la morale vous présente comme un de vos premiers devoirs envers vos parents. Ce respect ils le méritent par leur âge, leur expérience, par l'autorité naturelle que leur titre de père, de mère leur donne sur vous.

115. Que doit être le respect? — Nous voudrions vous faire bien comprendre ce qu'est le respect tel que nous souhaitons vous le voir pratiquer. Il est un sentiment *délicat* qui nous fait voir et en quelque sorte admirer ce qu'il y a de beau, d'*extraordinaire* en toute personne humaine.

Vous êtes-vous jamais dit que l'intelligence d'un homme, ce pouvoir qu'il a de penser et de comprendre, de vouloir et d'exécuter tant de choses; que la puissance avec laquelle il peut aimer sont des *aptitudes merveilleuses?*

Combien ces aptitudes doivent vous frapper davantage, puisque vous les voyez de plus près, quand vous les observez chez vos parents!

Voilà votre père, votre mère qui vous ont créées. Ils vous ont donné un corps qui peut grandir; une intelligence, une volonté, un cœur qui se développent, se fortifient.

Ce n'était pas assez de vous créer : ils ont trouvé dans leur intelligence et dans leur volonté les moyens de conserver votre vie, parce qu'ils vous aimaient. Grâce à eux, vous grandissez, vous devenez chaque jour plus intelligentes, meilleures, plus capables de créer à votre tour une famille qui sera comme un accroissement de la leur.

116. La vie est extraordinaire comme un conte de fées *. — Est-ce que tout cela ne ressemble pas à un conte de fées? est-ce que cela ne tient pas du prodige?

A côté de vous, vos frères, vos sœurs, petits ou grands, ont aussi leur rôle dans ce beau conte féerique de la vie. Eux aussi vos parents les ont créés, conservés. Eux aussi se développent. Ils étaient d'abord assez semblables à de petits animaux; ils étaient moins avancés même dans les premiers mois de leur existence que les petits chiens et les petits chats, qui trouvent leur nourriture.

Les voilà maintenant qui *pensent*, qui *sentent*, qui *aiment*.

Croyez-vous que toutes ces qualités propres à la nature humaine et qui élèvent si haut l'homme au-dessus de l'animal ne méritent pas votre respect?

117. Le respect transformé par l'égalité ne doit pas être détruit. — Autrefois le respect était surtout un sentiment de crainte et de subordination * qui *courbait* les enfants devant leurs parents. Il diminuait souvent leur amour ou du moins il les empêchait de le témoigner librement à leurs parents.

Depuis que la Révolution a établi comme un *droit* incontestable notre *égalité* à tous, ce respect s'est transformé, comme tant d'autres sentiments qui n'avaient plus de sens, puisque les idées, les mœurs, les institutions qui les avaient fait naître étaient changées.

Mais alors, comme il arrive souvent aux heures de

transformation, on est passé du respect humble et craintif à l'oubli complet de ce sentiment. On a cru que « être égaux » c'était vivre sur le pied d'une *familiarité excessive* et que l'on pouvait tout se permettre, surtout entre personnes unies par les liens du sang.

On se trompe.

L'égalité est un fait que nous ne pouvons pas nier, en ce sens que nous avons la même nature, les mêmes facultés, les mêmes devoirs, les mêmes droits. Mais nos parents n'en conservent pas moins sur nous la supériorité de l'âge, de l'expérience, du dévoûment. Voilà pourquoi déjà nous leur devons des égards particuliers. En dehors même de ces raisons, ils ont encore droit à notre respect, comme nous l'avons dit plus haut, à cause de leurs qualités, de leur dignité de *personne humaine*. Nos frères et nos sœurs y ont droit au même titre.

En outre, c'est précisément parce que les membres d'une même famille vivent sans cesse les uns avec les autres, parce que leurs intérêts sont confondus qu'ils se doivent le respect.

148. Dangers de l'oubli du respect dans la famille. — Quand ce sentiment disparaît de la famille, chacun est bientôt plus préoccupé de *ses droits* que de ceux des autres; chacun songe *à soi*, refuse de s'imposer, pour les autres, la moindre gêne, se permet tout ce qui flatte ses goûts ou assure ses aises. La douce familiarité possible et si bonne quand elle est modérée par le respect devient du *laisser-aller*, de la grossièreté, de l'égoïsme.

Une enfant bien élevée ne peut souffrir cet état de choses et se garde d'y contribuer.

Elle a du respect pour tous les siens et le témoigne à chacun comme il convient à l'âge et au rang qu'il occupe dans la famille.

Le respect qu'elle éprouve pour tous les siens se manifeste encore par la *discrétion*.

119. Qu'est-ce que la discrétion? — Elle est discrète, c'est-à-dire qu'elle ne cherche pas à surprendre, à deviner les affaires, les conversations dont on l'éloigne. Elle ne questionne pas et se contente de ce qu'on lui dit, sans chercher à en savoir plus long.

Ce que ses parents ont dit devant elle, elle ne le répète jamais, surtout au dehors, et paraît l'ignorer si on lui en parle.

Sa discrétion se montre encore dans la réserve qu'elle met à désirer ou à demander tout ce qui serait une dépense inutile. Elle sait que la vie est difficile pour une famille sans fortune; que ses parents se privent déjà de beaucoup de choses et s'imposent un travail souvent pénible pour arriver à l'élever.

Elle craint sans cesse d'être pour eux une charge trop lourde; elle la diminue autant qu'elle le peut, au moins en se passant de tout ce qui ne lui est pas absolument indispensable.

Au contraire, une enfant *indiscrète* abuse de la tendresse de ses parents et accepte qu'ils se privent, quelquefois même du nécessaire, pour satisfaire ses fantaisies et ses caprices.

120. Pas de discussions. — Enfin, une enfant bien élevée sait que la paix de la famille est facilement troublée par le mécontentement, les plaintes, la mauvaise humeur de l'un de ses membres. Elle évite les discussions entre frères et sœurs, les apaise quand il s'en produit et fait, au besoin, des concessions pour empêcher qu'elles renaissent.

Par contre, l'enfant mal élevée, volontaire, exigeante, toujours disposée à taquiner, est une perpétuelle occasion de discorde. Si on lui résiste, si on lui refuse ce qu'elle veut, elle boude.

121. La bouderie est un fléau. — Ah! la bouderie quel fléau dans une famille!

Voyez-vous cette fillette qui à la moindre contrariété se renferme dans un silence maussade (fig. 48)? On lui parle, elle ne répond pas ou elle a un mouvement d'épaules, un geste grossier. A-t-on pour elle une amabilité, elle n'a pas l'air de s'en apercevoir. Sa figure, qui a perdu sa bonne expression habituelle, paraît subitement *durcie, enlaidie.*

Sa mauvaise humeur assombrit tout le monde autour d'elle, jusqu'au moment où ses parents perdant patience, elle devient la cause d'une scène de famille.

122. Soyez souriantes. — Une fillette bien élevée se fait une loi de montrer toujours un visage souriant. Une petite contrariété, un ennui lui arrivent, on lui refuse ce qu'elle désirait, il lui faut se priver de ce qu'elle aime ou de ce qui l'amuse, elle reste pourtant de bonne humeur. A la moindre joie qu'on lui accorde, elle est si reconnaissante et si contente qu'elle la fait partager à tous les

Fig. 48. — Sa figure, qui a perdu sa bonne expression habituelle, paraît subitement *durcie, enlaidie.*

siens. Elle est toujours gaie et, dans les moments difficiles, c'est son rire qui rend le courage à son père
et à sa mère.

Voilà comment l'enfant bien élevée pratique dans
la famille les qualités *indispensables* à la femme dont
la destinée est de faire le bonheur des siens : voilà
comment elle se prépare à la vie.

Résumé.

1. Aimer ses parents, leur obéir, ne suffit pas
pour s'acquitter envers eux.

2. La fillette bien élevée veut être pour tous
les siens une cause perpétuelle de joie. Aussi
respecte-t-elle *tous* les membres de la famille,
chacun selon son âge et son rang.

3. Sous prétexte de familiarité, elle ne tombe
jamais dans les excès grossiers du *sans-gêne*.

4. Elle est discrète, ne répétant rien, ne ques-
tionnant pas.

5. Elle est encore discrète par la réserve qu'elle
met à désirer ou à demander des choses dont elle
peut se passer.

6. Elle évite les discussions, les bouderies et
se montre toujours le sourire aux lèvres.

RÉCIT

Une bonne petite fille (*suite*).

DEUXIÈME PARTIE.

Plusieurs jours s'étaient passés depuis que Berthe, humiliée par la comparaison qu'elle avait faite entre Marguerite et elle, était rentrée chez elle se promettant de ne plus voir la *petite concierge* *.

Elle s'était tenu parole.

Elle allait au jardin pendant les heures où elle savait Marguerite en classe; elle évitait, de peur de la rencontrer, de traverser la cour; elle sortait de la salle à manger pour se sauver dans sa chambre quand elle entendait la voix de Marguerite dans le vestibule ou dans la cuisine.

Mais plus d'une fois, soulevant le coin d'un rideau, elle avait suivi des yeux, sans être vue, les allées et venues de la fillette. C'était bien malgré elle, mais Marguerite l'intéressait. Cette enfant de même âge qu'elle et si différente par ses manières et sa conduite était pour elle un mystère.

Elle avait toujours pensé qu'à leur âge, une enfant n'avait qu'à jouer, manger, dormir, et puis faire toutes ses volontés. L'excessive bonté d'une mère trop faible lui avait permis de croire qu'il en devait être ainsi.

Elle croyait encore qu'entre la fille d'un ingénieur * et la fille d'un concierge il y avait une différence énorme *au point de vue social*. Pour elle une « fille de concierge » était *forcément* une enfant grossière, malpropre, impolie et ne sachant rien dire.

Et voilà qu'à son grand étonnement elle trouvait dans la loge de l'usine une fillette aimable, polie, empressée, si propre et se tenant si bien qu'elle avait toujours l'air d'être *en toilette* dans ses sarraus * à petits damiers * roses ou bleus.

En outre cette enfant savait faire dans le ménage une foule de choses que Berthe ignorait complètement, et décidément, elle était vexée par ce voisinage.

Aussi, un beau matin, qu'elle était assise, sans trop savoir que faire, près de sa mère occupée à coudre, elle s'écria tout à coup :

« Je m'ennuie, moi, dans cette usine! J'aimais bien mieux l'ancienne (fig. 49). Là-bas, au moins, j'avais les enfants du directeur pour jouer.

— Tu oublies, mon enfant, que je te laissais le moins possible aller avec eux. Les pauvres enfants étaient trop mal élevés!

— Enfin j'y allais quelquefois et c'était toujours cela, reprit Berthe *obstinée* et boudeuse, tandis qu'ici je n'ai personne!

Fig. 49. — « Je m'ennuie, moi, dans cette usine! J'aimais beaucoup mieux l'ancienne. »

— Berthe, quel vilain caractère tu as! et comme tu es injuste! Tu aurais bien une compagne si tu voulais.

— Laquelle? dit Berthe, qui avait très bien compris de qui sa mère parlait, mais qui ne voulait pas en avoir l'air.

— Laquelle? Mais Marguerite!

— Oh! maman, tu ne voudrais pas que je devienne l'amie d'une enfant de concierge! » dit Berthe avec mépris.

La figure de Mme Loubet devint sérieuse :

« Une enfant de concierge, dit-elle attristée, vaut mieux, quand elle est bonne et bien élevée, qu'une fille d'ingénieur égoïste, capricieuse, orgueilleuse; tout le monde la lui préfère et trouve sa mère bien heureuse. »

Mme Loubet se tut et se remit à coudre sans regarder sa fille.

Berthe était devenue très rouge et avait senti des larmes lui monter aux yeux. Mais bien que gâtée, Berthe était au fond une bonne enfant. Au bout d'un instant elle se leva, vint près de sa mère, et passant ses bras autour de son cou, elle se mit à la caresser.

Mme Loubet la laissa faire et lui rendit ses caresses. Elles ne parlèrent plus de Marguerite.

Dans l'après-midi, Berthe vint gentiment demander à sa mère d'aller chercher Marguerite pour jouer avec elle.

Bien entendu la permission lui fut accordée avec plaisir.

En entrant dans la loge Berthe fut surprise d'y voir un vieillard qu'elle ne connaissait pas.

Il était dans un grand fauteuil de paille et Marguerite, installée à ses côtés devant un paquet de bas qu'elle raccommodait, riait et bavardait à plaisir.

Le vieillard paraissait tout heureux du rire de la fillette et prenait un réel plaisir à écouter les histoires qu'elle lui contait.

Marguerite vint au-devant de Berthe en la priant d'entrer et lui présenta son grand-père. Le bon vieux était arrivé la veille d'un village voisin pour passer quelques jours avec sa fille et sa chère petite-fille.

Berthe expliqua à Marguerite qu'elle venait la chercher pour jouer avec elle.

« Oh! mademoiselle Berthe, je suis bien fâchée de vous refuser, mais grand-père s'ennuierait si je n'étais pas là; n'est-ce pas, grand-père?

— Oui, petite; mais tu t'amuseras avec cette jolie petite demoiselle et alors tu vas la suivre.

— Mais non, mais non, reprit vivement Marguerite, Mlle Berthe comprend très bien que je ne peux pas te laisser et elle m'excusera. Si elle a besoin de moi pour la distraire quand tu ne seras plus là, j'irai bien volontiers. »

Berthe, contrariée par ce refus, ennuyée à l'idée qu'elle allait encore passer son après-midi toute seule, ne savait comment faire pour sortir d'embarras.

Devant sa mine *piteuse*, Marguerite eut une bonne inspiration.

« Une idée! s'écria-t-elle. Mlle Berthe va rester avec nous, et nous nous amuserons à trois. »

Berthe ne se fit pas prier.

Elle s'assit à côté de Marguerite et, prise d'un désir dont elle ne se serait jamais crue capable, elle lui demanda des bas à raccommoder. Marguerite ne voulait pas lui en donner, trouvant que cela n'était pas *convenable*. Mais devant l'insistance de sa petite visiteuse elle finit par céder.

Berthe, son bas en main, se mit à le tourner, à le retourner, mais elle ne sut jamais comment s'y prendre.

Décidément elle était dans ses bons jours. Or, au lieu de se fâcher et de bouder comme elle n'eût pas manqué de le faire dans un autre moment, elle finit par avouer à Marguerite qu'elle n'avait *jamais* raccommodé de bas.

Tout cela parut si extraordinaire à la fillette qu'elle se mit à rire de tout son cœur. Elle lui montra comment il fallait s'y prendre, et la gaucherie de son élève acheva de les amuser l'une et l'autre.

Comme résultat on vit un bas si mal reprisé que Marguerite fut obligée de défaire les reprises. Mais on vit aussi un grand-père et deux fillettes s'amusant beaucoup.

Et l'après-midi passa si vite, que Berthe fut toute étonnée quand sa mère l'envoya chercher pour dîner.

Le lendemain, comme on était en vacances et qu'elle savait Marguerite libre, Berthe ourut bien vite à la loge dès qu'elle eut déjeuné.

En ouvrant la porte, elle vit le fauteuil du grand'père vide et Marguerite penchée au-dessus du fourneau, occupée à chauffer des linges.

Au bruit de la porte Marguerite s'était retournée et Berthe vit qu'elle avait les yeux rouges : évidemment elle avait pleuré.

« Qu'est-ce qu'il y a? demanda l'enfant effrayée.

— Ah, mademoiselle Berthe, si vous saviez! »

Et Marguerite se remit à pleurer.

« Mais quoi?

— Grand-père est malade. Il a été repris de ses vilaines douleurs, cette nuit, et nous avons cru qu'il allait mourir. Maman dit que c'est parce qu'il a été mouillé en venant : vous vous rappelez, il pleuvait tant le jour de son arrivée. Et puis c'est loin de chez lui chez nous, pour lui qui ne peut plus guère marcher. Alors la fatigue, l'humidité... Oh! que nous avions donc peur de le voir mourir cette nuit! »

Et les larmes de la fillette coulaient toujours, mais, vite maîtresse de son chagrin, elle essuya ses yeux en disant :

« Ce n'est pas le moment de pleurer; je ferais mieux de porter ces linges à maman, les voilà chauds. »

Elle ouvrit doucement la porte de la chambre de sa mère, où elle se glissa sur la pointe des pieds sans faire aucun bruit.

Berthe toute désorientée ne savait si elle devait s'en aller ou rester; mais Marguerite ne la laissa pas longtemps à ses réflexions. Elle revint bientôt avec une tasse qu'elle rinça aussitôt, et une bouillotte dont elle vida l'eau refroidie pour la remplacer par de l'eau chaude.

Puis l'ayant portée à sa mère pour qu'elle la replaçât aux pieds du grand-père, elle revint et se mit à écumer le pot-au-feu (fig. 50).

Marguerite faisait tout cela vite, adroitement, sans bruit, et Berthe la suivait dans tous ses mouvements avec une surprise mêlée d'admiration.

Fig. 50. — Elle se mit à écumer le pot-au-feu.

Berthe faisait un retour sur elle-même. Elle se revoyait, trois mois plus tôt, inutile et *encombrante* pendant une courte maladie de sa mère.

Son père la renvoyait sans cesse de la chambre maternelle, parce qu'elle n'y était bonne à rien et faisait du bruit. Jamais ses talons n'avaient tant claqué sur le parquet. Jamais elle n'avait bousculé tant de chaises sur son passage, cassé plus d'assiettes, renversé autant d'objets divers que pendant cette maladie.

Son père exaspéré lui disait parfois :

« Mais tu le fais donc exprès! Tu veux tuer ta mère! »

Oh! certes non, elle ne le voulait pas. Elle aurait mieux aimé être au lit elle-même et avoir encore plus de mal plutôt que de la voir souffrir. Elle ne savait vraiment com-

Fig. 51. — Marguerite installa son grand-père dans un fauteuil.

ment expliquer cela. Mais son chagrin la rendait plus
maladroite qu'à l'ordinaire.

Quant à faire quelque chose pour soulager la malade, elle l'aurait tant désiré!

Mais quoi faire? Elle n'en avait pas la moindre idée.

Et voilà que Marguerite, au contraire, paraissait au courant des soins à donner à son grand-père comme si elle était une vieille garde-malade; c'était bien extraordinaire.

Berthe voulut en savoir plus long.

« Marguerite, vous dites que vous avez eu bien peur de voir mourir votre grand-père cette nuit. Mais votre maman vous avait donc réveillée?

— Certainement, mademoiselle Berthe; comment aurait-elle fait sans moi? On ne pouvait pas laisser grand-père seul, n'est-ce pas, souffrant comme il souffrait! Et il fallait vite de l'eau et des linges chauds, parce qu'il était tout froid, et une infusion * de tilleul * bien chaude pour le faire transpirer *. Alors j'ai allumé le feu et j'ai fait tout cela pendant que maman restait près de notre cher malade. »

Marguerite avait donné ces détails de l'air le plus simple du monde, en fille qui est habituée à remplacer sa mère dans tous les travaux domestiques.

Deux grosses larmes remplirent les yeux de Berthe, qui s'écria en soupirant :

« Vous êtes bien heureuse, vous! »

Marguerite ahurie * la regarda sans comprendre. Heureuse? parce qu'elle avait son grand-père malade? Elle crut que Berthe devenait folle.

Celle-ci avait trop d'amour-propre pour avouer qu'en pareille circonstance elle aurait été un embarras pour les siens et que *le bonheur consiste à sentir qu'on leur est utile.*

« Embrassez-moi », dit-elle brusquement à Marguerite; et elle se sauva en courant.

Mais le lendemain et les jours suivants elle revint prendre des nouvelles du grand-père.

Chaque fois elle s'asseyait un moment dans la loge et disait à Marguerite :

« Ne vous occupez pas de moi, faites vos affaires. »

Puis elle la regardait aller et venir et chaque jour elle trouvait à cela un plaisir nouveau.

Enfin le grand-père fut sur pieds et Marguerite se remit à rire, à babiller, à chanter.

Le jour où il put venir prendre le soleil dans la cour, Marguerite l'installa dans son grand fauteuil, enveloppa ses jambes dans une couverture, puis elle se mit à battre des mains (fig. 51). Berthe était accourue, et la joie de Marguerite la gagnant, les deux enfants se prirent par la main et se mirent à danser.

Berthe ne trouvait plus qu'une fille de concierge n'était pas digne de devenir une bonne compagne pour elle.

Elle n'en avait pourtant pas encore fini pour toujours avec son mauvais orgueil.

(*A suivre.*)

CHAPITRE III

Des rapports avec les maîtresses.

123. Pourquoi respectez-vous votre maîtresse? — Ce n'est pas seulement dans la famille que l'enfant bien élevée se distingue, par sa manière d'agir, de l'enfant mal élevée : c'est encore à l'école et dans la société.

L'école la met en rapports avec sa maîtresse, tout d'abord, et avec ses compagnes.

Voyons comment elle agira vis-à-vis de sa maîtresse et nous parlerons dans le chapitre suivant de ses relations avec ses compagnes.

L'enfant bien élevée éprouve pour sa maîtresse à peu près le même respect que pour ses parents, et tout d'abord pour les mêmes raisons. Cette maîtresse a toutes les qualités, tous les privilèges qui mettent la *personne humaine* au-dessus de l'animal.

Elle a sur vous, comme vos parents, la supériorité de l'âge, de l'expérience, du savoir.

Elle a comme eux encore *le don de créer* *.

N'est-ce pas elle, en effet, qui prend à l'état de germe l'intelligence, le cœur et la conscience de l'enfant et qui les développe, qui les fait croître en force, en activité, en sagesse? N'est-ce pas elle qui habitue l'enfant à comprendre et à juger aussi bien tout ce qu'elle étudie dans les livres que tout ce qu'elle fait et tout ce qu'elle éprouve?

Si, plus tard, vous êtes des femmes *vraiment intelligentes*, c'est-à-dire capables de comprendre une infinité de choses et vraiment honnêtes, c'est-à-dire en état de reconnaître le mal pour l'éviter, de voir le bien pour le pratiquer, c'est à votre maîtresse que vous le devrez.

124. Pourquoi devez-vous de la reconnaissance à votre maîtresse? — Aussi le respect qu'elle vous inspire vous rendra en même temps reconnaissantes.

Songez qu'elle a passé les meilleures années de sa vie à travailler, à s'instruire, à se corriger de ses défauts pour pouvoir faire de vous des enfants plus intelligentes et meilleures que vous ne le seriez sans elle.

Pour vous encore, elle vit, le plus souvent, loin de sa famille, loin de ses amis. Elle mène une existence laborieuse dans laquelle les plaisirs sont rares et la peine quotidienne *.

Il vous est peut-être arrivé de vous dire, dans vos mauvais moments, que votre maîtresse est payée pour vous instruire et que, par conséquent, vous ne lui devez rien.

Vous avez mal raisonné si vous avez pensé ainsi :

125. Ce que votre maîtresse vous doit et ce qu'elle vous donne. — Oui, elle est payée pour vous enseigner de l'histoire, de la grammaire, de l'arithmétique. Mais cette préoccupation qui la suit partout de rendre ses leçons plus intéressantes, plus claires, plus simples ; de vous donner le bon exemple en toutes circonstances ; de corriger vos travers, vos défauts ; de vous donner de bonnes habitudes, est-elle obligée de l'avoir ?

Cette affection qu'elle vous porte à toutes et qui l'empêche de se rebuter, de se décourager quand elle voit combien vous profitez peu de ses soins ; son dévouement de tous les instants, qui les lui paie ? Votre reconnaissance seule. Aussi ne la lui marchandez jamais.

L'enfant bien élevée qui comprend le respect et la reconnaissance que mérite sa maîtresse n'a pas de peine à lui obéir.

Il vous arrive bien quelquefois, pour ne pas dire souvent, de trouver qu'il est désagréable, ennuyeux d'obéir. Vous changeriez d'avis si vous étiez toujours les enfants bien élevées que nous voulons vous voir devenir.

Vous obéiriez avec plaisir, parce que vous seriez sûres que votre maîtresse vous demande des choses justes et bonnes. Vous voudriez lui obéir d'une manière *prompte* et *complète* pour lui montrer que vous avez confiance en elle et que vous lui êtes reconnaissantes.

126. Importance de l'obéissance dans une école. — Enfin, vous comprendriez que sans l'obéissance, il n'y aurait dans l'école ni *travail*, ni *ordre*, ni *progrès possibles*.

Vous représentez-vous ce que deviendrait une école où chaque élève vivrait à sa fantaisie et ferait ce que son caprice lui conseillerait ?

Pour que chacune de vous emporte de l'école une bonne instruction et une bonne éducation, il faut que la *règle*, autrement dit la discipline, soit observée.

La maîtresse représente cette règle, et voilà pourquoi vous lui devez obéissance.

127. La politesse envers la maîtresse. — La politesse est naturelle, à l'enfant de bonne éducation, vis-à-vis de tout le monde, mais elle y tient tout particulièrement à l'égard de sa maîtresse. Comme elle la respecte, elle ne supporterait pas la pensée de lui faire une impolitesse. Elle veut, du reste, retenir par son exemple des compagnes moins bien élevées qui, si elle s'oubliait, se permettraient vite d'être malhonnêtes envers leur maîtresse.

Ce n'est pas toujours par l'effet de sa mauvaise éducation qu'une enfant manque de politesse.

A votre âge, on est souvent affligé d'une *mauvaise timidité* qui paralyse et rend impoli.

Cette timidité que nous appelons *mauvaise* rend une enfant sauvage et fait qu'elle se tient à distance des autres.

128. L'enfant sauvage. — L'enfant sauvage *n'ose pas* s'approcher de sa maîtresse avec simplicité et bonne grâce. Elle attend, au contraire, que sa maîtresse vienne à elle, lui fasse des avances, des amabilités. Ne voit-elle pas qu'elle veut renverser les rôles?

Laquelle des deux doit aller au-devant de l'autre, lui témoigner des égards, avoir pour elle des attentions, des prévenances?

Par exemple, est-ce à la maîtresse de dire la *première* bonjour à l'enfant qui arrive en classe ou qu'elle rencontre dans la rue? Est-ce elle qui ramassera le crayon, le livre que l'élève laisse tomber? qui

lui offrira une chaise ou lui ouvrira une porte (fig. 52)?
Vous n'hésiterez pas à répondre que c'est à l'élève
d'agir, à la maîtresse d'attendre, et vous avez raison.

Au lieu de cette fausse timidité qui arrête les meilleurs mouvements, c'est quelquefois l'orgueil qui rend une enfant sauvage, et, par suite, impolie.

129. Ne demandez pas à être préférée. — Elle voudrait être remarquée par sa maîtresse, traitée *autrement* que ses compagnes, devenir l'objet d'une affection et d'attentions particulières.

Fig. 52. — Enfant bien élevée ouvrant la porte à sa maîtresse.

Il lui suffit de réfléchir — à votre âge on en est capable — pour comprendre que la *justice* interdit à sa maîtresse de la traiter autrement que ses compagnes. Une maîtresse doit à toutes ses élèves la même affection, la même bonté et aussi la même sévérité. Si elle s'occupait plus particulièrement de l'une d'entre elles; si elle lui passait plus facilement ses défauts; si elle l'encourageait ou la récompensait de préférence, elle commettrait une injustice et manquerait à son devoir professionnel.

La réflexion conduirait en outre l'enfant dont nous parlons à reconnaître qu'elle n'a rien qui la mette au-

dessus de ses compagnes. Elle n'est ni plus intelligente, ni meilleure : pourquoi sa maîtresse lui témoi-
gnerait-elle des égards particuliers? Son *orgueil* seul
lui fait croire qu'elle les mérite et son orgueil est un
mal qui la rend *inférieure* à ses compagnes.

Ainsi l'enfant bien élevée est vraiment polie : elle
comprend que c'est à elle qu'il appartient de faire
des avances, d'être prévenante. La vie de l'école lui
en fournit à chaque instant l'occasion.

130. Ce que fait l'enfant bien élevée. — Non
seulement elle vient matin et soir vers sa maîtresse
pour lui dire bon-
jour ou adieu ; mais
encore elle devine
ses désirs, va lui
chercher un livre
nécessaire, l'ou-
vrage oublié (fig.
53), lui offre à
temps une plume,
une chaise, etc.

Dans les plus pe-
tites choses, elle
veut éviter de la
peine à sa maî-
tresse, car c'est là

Fig. 53. — L'enfant bien élevée va chercher l'ouvrage oublié par sa maîtresse et
le lui présente.

encore une *forme de politesse*. En classe, elle est atten-
tive, pour ne pas obliger la maîtresse à recommencer
une explication, à répéter une observation.

Elle évite de l'interrompre, de la gêner, au cours
d'une leçon, en se faisant rappeler à l'ordre parce
qu'elle se tient mal ou parce qu'elle fait du bruit.
Vous laissez tomber votre livre, votre plumier, pen-

dant que votre maîtresse parle, ou encore vous frottez vos pieds par terre, vous éternuez avec fracas : vous êtes impolies.

131. Il faut être discrète à l'école. — Enfin, la vraie politesse, vis-à-vis de votre maîtresse comme dans votre famille, suppose que vous êtes *discrètes*. Vous ne cherchez jamais à entendre la conversation d'une maîtresse avec une de ses collègues ou avec une de vos compagnes.

Vous ne répétez jamais au dehors les observations ou les reproches que votre maîtresse a pu adresser à une autre enfant.

Vous serez encore discrètes si vous n'attendez pas de votre maîtresse des égards et des soins particuliers et si vous vous contentez d'être traitées comme toutes vos compagnes.

132. La bonne humeur à l'école. — L'enfant bien élevée ne se permet pas plus à l'école que dans la famille des accès de mauvaise humeur, de bouderie.

Fig. 54. — Il en coûte beaucoup à l'institutrice d'avoir à gronder ou à punir.

Quand elle réussit dans ses études et qu'elle a de bonnes notes, elle est contente d'elle et se réjouit. Mais quand elle travaille mal ou sans succès, quand ses notes de conduite sont mauvaises, elle ne s'en prend pas à sa maîtresse et ne lui en garde pas rancune.

Une institutrice n'a pas de plus grande joie que d'avoir des élèves sages et laborieuses; il lui est, au contraire, très pénible de gronder et de punir (fig. 54). L'enfant qui a mérité un reproche ou une punition ne peut donc s'en prendre qu'à elle-même.

Elle ne veut pas aggraver la peine qu'elle a causée à sa maîtresse en lui montrant un visage maussade et boudeur.

Résumé.

1. L'enfant bien élevée respecte sa maîtresse à l'égal de ses parents et pour les mêmes raisons.

2. Elle est *reconnaissante* envers sa maîtresse, qui a sacrifié ses plus belles années pour se préparer à sa tâche, qui travaille sans cesse pour ses élèves, qui les aime.

3. Elle lui obéit avec plaisir, sachant que sa maîtresse lui impose des choses justes et bonnes. Elle comprend qu'une école où l'on n'obéirait pas serait une mauvaise école.

4. Elle est polie, et, sous prétexte de timidité, ne manque jamais de *prévenance*.

5. Elle n'a pas d'*orgueil* et ne croit pas avoir droit à plus d'*égards* que ses compagnes.

6. Elle est discrète et ne raconte rien de ce qui se passe à l'école. Elle ne s'y montre jamais maussade.

CHAPITRE IV

Des rapports avec les compagnes.

133. Les rapports entre compagnes sont difficiles. — La vie de l'école est excellente parce qu'elle donne à chacune de vous de très nombreuses occasions de se former au point de vue de la bonne éducation.

Fig. 55. — Enfants se querellant.

Est-il facile de se conduire *toujours*, envers *toutes* ses compagnes, comme doit le faire une enfant bien élevée? Non, et voici pourquoi :

On est en rapport avec elles tous les jours et plusieurs heures par jour, ce qui établit très vite une grande familiarité. Il est à craindre que cette familiarité devienne *excessive*, c'est-à-dire que l'on arrive à ne plus s'observer, à ne plus se gêner, à manquer d'égards envers les autres : c'est ce qui se produit invariablement entre enfants mal *élevées* (fig. 55).

Ces rapports quotidiens sont encore difficiles entre compagnes parce qu'elles se sentent *toutes égales* puisqu'elles sont à peu de chose près du même âge et n'en savent guère plus les unes que les autres.

Cette égalité fait naître très souvent des rivalités et par suite des discordes.

134. L'école est l'image de la société. — L'école est, en effet, pour chacune de vous ce qu'est la société pour les grandes personnes. Elle veut s'y faire *une place*, et pour cela à quoi vise-t-elle?

Elle cherche tout d'abord à être remarquée par la maîtresse, à obtenir son affection, son estime, sa confiance. Dès lors, elle est portée à trouver injuste que la maîtresse la mette au *même rang* que ses compagnes.

Si elle est une bonne écolière, appliquée, travailleuse et qu'elle ait habituellement de bonnes notes, un peu de vanité lui vient : elle est tentée de regarder ses compagnes du haut de ses succès d'écolière.

Si, au contraire, par manque d'application et de travail, elle ne réussit pas, elle éprouve, à l'égard des autres plus heureuses, du dépit et parfois même de la jalousie. Elle les rend, bien à tort, responsables de ce qui lui arrive et les traite en conséquence.

Est-ce seulement à l'égard de vos maîtresses ou de vos études que vous allez ainsi trouver des occasions de rivalité et de discorde?

Vous voudrez dominer dans les jeux, les organiser, les diriger d'après vos goûts ou votre caprice. Si les autres ne cèdent pas, vous vous fâcherez, vous leur en voudrez, bien injustement, du reste; mais votre conduite vis-à-vis d'elles n'en sera pas moins modifiée par votre mécontentement. Vous vous entêterez par amour-propre et vous croirez qu'il y va de votre honneur de ne pas céder.

Dès lors la vie commune deviendra par votre faute très désagréable et très pénible pour toutes.

Enfin combien de fois n'arrive-t-il pas qu'une enfant se croit supérieure à ses compagnes de classe parce qu'elle est mieux habillée, parce que ses parents ont une position qui lui paraît plus relevée ou qui leur fait gagner plus d'argent !

Une telle enfant est *vaniteuse* et *sotte*; elle est aussi mal élevée, puisqu'elle se permet de faire sentir à ses compagnes sa *prétendue* supériorité.

135. Ce qui arrive à l'enfant bien élevée. —

Une enfant bien élevée se tire à son honneur de toutes les difficultés de la vie en commun que nous venons d'énumérer.

Elle a pour principe bien arrêté et bien ferme que toutes ses compagnes la valent, quels que soient ses succès scolaires ou sa position de fortune. Elle ne fait une différence que pour celles — si, par malheur, il s'en trouvait dans l'école — qui ont un

Fig. 56. — Jeune fille bâillant et s'étirant devant son livre.

vice, qui sont, par exemple, menteuses, paresseuses (fig. 56), rapporteuses.

Celles-là lui inspirent de la pitié. Elle les plaint plus qu'elle ne les blâme et elle cherche, par son exemple et par ses conseils, à les corriger. Même envers celles-là, elle ne se croit pas dispensée d'être, en toutes circonstances, *parfaitement polie*.

136. La politesse entre compagnes et la justice. — La politesse est, en effet, la condition essentielle des relations bonnes et agréables entre les compagnes d'école.

Elle donne à l'enfant qui la pratique le besoin d'être *juste*, c'est-à-dire qu'elle l'empêche de demander aux autres plus qu'elle ne peut faire elle-même.

Par exemple, ce besoin de justice l'éclairant sur ses défauts la rend indulgente pour ceux des autres. Pour qu'on l'accepte et qu'on la supporte telle qu'elle est, elle accepte et supporte les défauts des autres.

Ce même besoin de justice lui apprend à faire les *concessions* * *nécessaires*.

Dans les jeux, en classe, par rapport à l'affection de sa maîtresse, elle cède la place aux autres pour leur éviter des froissements, du chagrin. Elle a peur que les autres souffrent à cause d'elle et agit de manière à prévenir ce danger.

Enfin ce besoin de justice lui fait estimer les autres parce qu'elle tient à leur estime. Il lui fait respecter leurs idées, leurs goûts parce qu'elle désire qu'on respecte les siens.

Il l'oblige à dire toujours la vérité parce qu'elle veut qu'on la lui dise aussi.

L'enfant bien élevée est franche, honnête, vraie, parce qu'elle aime à trouver ces qualités chez les autres et parce que les autres ont le droit de les chercher en elle. En un mot, elle est toujours, pour ses compagnes, ce qu'elle souhaite de les trouver pour elle, son besoin de justice lui faisant comprendre que nous ne pouvons rien exiger des autres si nous ne l'exigeons pas d'abord de nous.

« Elle est bonne compagne » : tel est le plus grand éloge que l'on puisse faire d'une enfant.

La « bonne compagne » est toujours bien élevée, puisqu'elle est tout à la fois aimable, prévenante et gaie. Elle est aimée de toutes et sa présence rend la vie de l'école plus agréable et meilleure.

Aussi est-elle récompensée des efforts qu'elle fait pour se rendre aimable par la joie qu'elle répand autour d'elle.

Résumé.

1. La vie de l'école développe la bonne éducation.

2. Le contact quotidien avec les compagnes fournit mille occasions d'éviter la *grossière familiarité*, les rivalités, les jalousies.

3. L'enfant bien élevée est *polie* avec *toutes* ses compagnes; elle est juste avec toutes, parce qu'elle apprend à les supporter pour qu'on la supporte elle-même.

4. Elle cherche à acquérir les qualités qu'elle est heureuse de trouver chez ses compagnes. — Elle rend à toutes le séjour de l'école plus agréable.

RÉCIT

Une bonne petite fille (*fin*).

TROISIÈME PARTIE.

Les vacances touchaient à leur fin.

M., et Mme Loubet ne savaient quel parti prendre au sujet de Berthe. Elle ne pouvait pas, à son âge, rester plus longtemps sans travailler. Déjà son instruction était bien en retard, car elle n'était jamais allée en classe et sa mère ne parvenait pas à obtenir d'elle une application *sérieuse* et *soutenue*.

Aussi Mme Loubet n'était-elle pas très convaincue quand elle disait à son mari :

« Voilà Berthe devenue plus raisonnable; essayons de la garder près de nous encore cette année. Peut-être se décidera-t-elle à travailler. »

Le père incrédule répondit :

« Ma chère amie, mon parti est pris. Berthe a besoin de vivre avec des enfants de son âge; elle a besoin d'*émulation* * : on dit que l'école des filles est très bien dirigée par Mlle Perrin. Toi-même, tu l'as trouvée très intelligente et très bien élevée chaque fois que tu l'as vue en visite. Confions-lui notre Berthe. »

La mère hésitait. Le père insista, disant :

« Aimes-tu mieux l'envoyer en pension dans une grande ville, loin de nous? »

Mme Loubet, effrayée à la pensée de se séparer de sa fille, consentit à tout ce que voulut son mari.

Les premiers jours d'école furent très agréables à Berthe. La plupart des enfants qui venaient en classe étaient les filles des employés et des ouvriers de l'usine : aussi étaient-elles remplies de prévenances pour Berthe. Celle-ci jouissait de l'espèce de supériorité que lui donnait la position de son père et elle traitait ses compagnes avec un peu de *dédain* *.

Mais, dans une école bien dirigée, ce n'est pas la position des parents qui compte; c'est le travail et la conduite de chaque élève. L'enfant qui paraît *vraiment supérieure* aux autres est celle qui joint à un travail *régulier* et *sérieux* les qualités de caractère et de cœur sans lesquelles on n'est ni bonne élève, ni bonne compagne.

Or Berthe était très intelligente; mais elle ne pouvait pas réussir dans son travail parce qu'elle était *capricieuse*, s'appliquant un jour, n'écoutant pas un mot des leçons ou des explications le lendemain.

Elle ne pouvait pas non plus se faire aimer, parce qu'elle était *orgueilleuse* et *autoritaire* *.

A la fin de la première semaine, il se trouva qu'elle avait donné à Mlle Perrin plus de peine à elle seule que toutes les autres élèves ensemble. Elle avait, en outre, froissé, blessé la plupart de ses compagnes.

Aussi rapporta-t-elle à la maison beaucoup de mauvaises notes et, par suite, une forte dose de mauvaise humeur.

Sa mère qui, dans son indulgence, ne voyait pas toujours les défauts de Berthe, s'étonna qu'elle eût pu mériter tant de mauvaises notes et lui demanda des explications.

Berthe, boudeuse, raconta que Mlle Perrin était sévère et très méchante; qu'on ne savait jamais, avec elle, ce qu'il fallait faire pour être bien notée.

Elle se garda bien d'ajouter que, ce même jour, Marguerite rapportait à sa mère des notes de conduite *excellentes* et qu'elle était la *première* de la classe.

Mme Loubet engagea vivement sa fille à travailler et à être gentille, polie, prévenante pour sa maîtresse et ses compagnes. Au fond, elle se doutait bien que l'application de Berthe avait été *insuffisante* et son caractère *insupportable*. Mais elle n'osait pas le dire, pour ne pas faire de peine à « sa chérie ».

La semaine suivante commença plus mal encore pour Berthe.

Elle avait cru que la position de son père lui permettrait de *mener* ses compagnes *tambour battant*. Celles-ci, pourtant, se lassaient de lui faire des avances et de *subir* ses caprices. Les unes la laissèrent de côté : c'étaient les plus patientes et les plus douces. Les autres cherchèrent toutes les occasions de lui prouver qu'elles la considéraient comme leur *égale* et sauraient bien l'obliger à les traiter

de même. Toutes lui en voulaient parce qu'elle n'était
« pas gentille » pour Mlle Perrin, qu'elles aimaient beaucoup.

Fig. 57. — Plusieurs fillettes se prirent par les mains et commencèrent
une ronde.

La récréation du matin venait de sonner et les fillettes
étaient dans la cour de l'école.

Il faisait beau ce matin-là et un pâle soleil d'automne,
s'il ne chauffait plus guère, réjouissait du moins les yeux.

Plusieurs fillettes se prirent par les mains et commencèrent une ronde (fig. 57); les autres accoururent, brisant la ronde de ci, de là pour s'y faire une place.

« Pas de ronde, cria Berthe, grossissant sa voix pour couvrir le bruit des rires, pas de ronde, je ne veux pas! »

Et elle essaya d'arrêter au passage deux de ses compagnes.

Les mains des deux fillettes se désunirent, mais pour se refermer derrière Berthe poussée au milieu du cercle.

Une autre enfant aurait ri : Berthe eut la sottise de se fâcher.

Fig. 58. — Marguerite était restée dans la classe pour ouvrir les fenêtres.

Alors ses compagnes, qui n'étaient pas méchantes, mais qui avaient contre elle mille petits *griefs*, prirent plaisir à la voir en colère.

La ronde devint plus rapide; les rires redoublèrent et, à mesure, Berthe s'exaspérait davantage.

Vous êtes des grossières, des méchantes, des « enfants du peuple », criait-elle, ne sachant plus ce qu'elle disait et trépignant de rage.

Marguerite était restée dans la classe pour ouvrir les fenêtres (fig. 58), recharger le poêle, rentrer les livres. Elle entendit les cris de Berthe et elle accourut pour voir ce qui se passait.

Elle arrêta la ronde juste au moment où Berthe, ne sachant plus que dire pour *vexer* ses compagnes, se mettait à pleurer.

Par bonheur la récréation finissait et les enfants, reprenant leurs rangs, rentrèrent en classe sans pouvoir rien ajouter à la petite vengeance qu'elles venaient d'exercer contre la tyrannie de Berthe.

Par amour-propre, Berthe refoula ses larmes dès qu'elle fut à sa place. Mais elle écouta moins que jamais la leçon d'arithmétique. Aussi, l'après-midi, ne comprit-elle rien aux problèmes qu'on lui donna à faire, comme application de la leçon du matin.

Une autre, à sa place, aurait fait des efforts pour comprendre, aurait demandé des explications.

Berthe préféra lancer son cahier au beau milieu de la classe.

M\ll\e Perrin avait montré jusqu'alors, à l'égard de Berthe, une patience admirable.

Mais elle ne pouvait tolérer une pareille inconvenance. Elle prit donc Berthe par la main, la conduisit dans son cabinet de travail et l'y laissa seule.

Après la classe, elle vint retrouver la fillette et lui fit doucement honte de sa conduite. Mais celle-ci, boudant toujours, ne répondit rien, ne voulut pas promettre de s'*amender* et partit sans même saluer sa maîtresse.

Marguerite l'attendait à la porte de l'école.

Les deux enfants cheminèrent d'abord sans parler. Enfin, Marguerite, rompant le silence, dit à Berthe :

« La journée n'a pas été bonne pour vous, mademoiselle Berthe.

— Comment les journées seraient-elles bonnes ? répondit sèchement l'enfant. Nos compagnes sont insupportables et méchantes et « Mademoiselle » est stupide ! »

Marguerite s'arrêta brusquement, *clouée sur place* par l'indignation.

« Vous osez dire des choses pareilles ! s'écria-t-elle enfin. Mais mal parler de sa maîtresse et surtout d'une maîtresse aussi bonne, aussi juste que « Mademoiselle », c'est aussi affreux que de dire du mal de sa mère ! Oseriez-vous dire que votre maman est « stupide ? »

Berthe, à ces mots, eut une terrible envie de se jeter sur Marguerite pour la battre.

« Je vous défends de dire ça de maman, s'écria-t-elle furieuse.

— Je ne le dis pas ! j'ai bien trop de respect pour votre maman pour le dire. Je vous demande si vous oseriez, vous, le dire d'elle ?

— Vous savez bien que non !

— Alors, pourquoi le dites-vous de Mlle Perrin, qui est bonne pour nous comme une mère et qui prend tant de peine pour nous instruire, pour nous corriger de nos défauts, pour faire de nous des enfants intelligentes et bien élevées ?

— C'est vrai pourtant qu'elle est bonne et *dévouée* », murmura Berthe entre ses dents.

Puis elle ajouta tout haut, en secouant Marguerite par le bras :

« Et nos compagnes, est-ce qu'elles sont bonnes, elles ?

— Oui, elles sont bonnes, répondit Marguerite avec *assurance*. Elles vous ont taquinée ce matin parce que, vrai, mademoiselle Berthe, vous n'êtes pas gentille avec elles. Si elles étaient méchantes, allez, il y a longtemps qu'elles *vous feraient des misères.* »

Berthe avait une très grande qualité : elle était très franche et elle aimait qu'on le soit avec elle.

La franchise de Marguerite la toucha.

Elle fit quelques pas sans rien dire, puis tout à coup :

« Marguerite, est-ce que vous croyez que je pourrais devenir une bonne élève ?

— Bien sûr, mademoiselle Berthe ! Vous êtes si intelligente, si bonne, si gentille quand vous le voulez ! Grand-père, quand il est parti, a dit de vous : « Cette petite serait « un trésor, si elle voulait s'en donner la peine », et grand-père s'y connaît ! »

Berthe avait rougi de plaisir.

« Ah ! votre grand-père a dit ça ! Eh bien ! je veux lui donner raison. »

Puis, toujours prompte à se décourager, elle ajouta :

« Oui, mais comment faire ? Je ne sais pas, moi ! »

Marguerite dit timidement :

« J'ai bien une idée, mais je n'ose pas la dire. Je ne sais pas si vous voudriez.

— Dites toujours.

— Voulez-vous que nous demandions à Mlle Perrin qu'elle vous mette à côté de moi en classe ? Voulez-vous aussi que, le soir, nous apprenions nos leçons ensemble ? Je ne suis pas intelligente comme vous ; mais j'ai de la patience. Voyez-vous, je travaille sans me décourager jamais, parce que je veux aider ma mère, plus tard. Je veux, quand elle sera vieille, gagner sa vie et la mienne. Je ne sais pas encore bien comment j'y arriverai, mais je sais qu'une jeune fille qui n'est pas instruite ne peut pas trouver une bonne place. Voilà pourquoi je travaille beaucoup et pourquoi je tiens à être toujours première. Vous verrez que de travailler avec moi cela vous donnera du courage. »

Berthe s'était attendrie en écoutant Marguerite.

« Vous êtes bonne, vous, s'écria-t-elle enfin, et je vous aime de tout mon cœur. »

Les deux enfants s'embrassèrent.

Le lendemain, elles vinrent trouver la bonne Mlle Perrin, à qui Berthe présenta ses excuses pour sa vilaine conduite de la veille (fig. 59). Puis elles lui exposèrent leurs plans.

« Je veux bien vous mettre à côté l'une de l'autre, répondit leur maîtresse ; mais à une condition.

Fig. 59. — Berthe présente ses excuses à sa maîtresse pour sa vilaine conduite de la veille.

« Laquelle ? demandèrent en même temps Berthe et Marguerite, un peu inquiètes.

— A la condition que le travail de Marguerite ne souffrira jamais du voisinage de Berthe.

— Je vous le promets, mademoiselle », dit Berthe gravement.

A partir de ce jour, Berthe s'appliqua à suivre, *en toutes choses*, l'exemple de Marguerite.

Elle eut bien — nous devons l'avouer par respect de la vérité — des moments de *défaillance*.

Son orgueil reparaissait de temps en temps ; elle avait quelquefois des caprices, des moments de bouderie, même des accès de paresse. Mais dans tous ces mauvais moments, elle trouvait Marguerite, indulgente et ferme, prête à l'encourager, à la *soutenir*.

Chaque jour Berthe fit ainsi, grâce à son amie, des progrès réels, tant au point de vue du caractère que du travail.

Elles ont grandi ainsi, côte à côte, heureuses de leur mutuelle amitié.

Berthe ne maudit plus l'usine où elle a rencontré une si *précieuse* compagne.

Mme Loubet, ravie du changement de sa fille, l'admire maintenant avec raison.

L'année prochaine, Mme Leblanc quittera la loge pour venir habiter un petit pavillon annexé à la maison de l'ingénieur. Les appointements de sa chère Marguerite, devenue *comptable* dans l'usine, lui permettront de se reposer dans une douce aisance.

CHAPITRE V

Des rapports avec tout le monde
et des usages reçus.

137. Les bonnes intentions ne suffisent pas. — Dans la société comme dans sa famille ou à l'école, une enfant bien élevée se distingue de celle qui ne l'est pas par la manière dont elle agit même dans les plus petites choses.

Cependant il peut arriver que, *malgré de très bonnes intentions*, elle se conduise, en certains cas, comme le ferait une enfant mal élevée, faute de savoir ce qu'elle doit faire.

Il faut alors que, sans rougir d'une ignorance bien naturelle à son âge, elle s'informe des usages reçus, c'est-à-dire de ce que font, dans les *cas semblables*, les personnes de bonne éducation. Elle n'aura par la suite qu'à prendre la peine de conformer sa conduite à la leur pour n'être plus en faute.

Comme du reste nous voulons vous aider à devenir le plus rapidement possible des enfants bien élevées, nous allons vous dire ce que vous devez faire dans les circonstances les plus ordinaires de *la vie en société*.

Vous savez que « vivre en société », c'est vivre non

pas seulement avec sa famille, mais avec une foule d'autres personnes dont les circonstances nous rapprochent.

138. Le respect dû à toute personne : comment il se manifeste par la tenue. — Que devrez-vous d'abord à ces personnes? *Vous leur devrez le respect*, car elles vous seront presque toujours supérieures, par leur âge, leur savoir, leur situation. Tant que vous serez des enfants il en sera ainsi.

Fig. 60. — Mauvaise tenue d'une enfant assise.

Comment leur témoignez-vous le respect qu'elles vous inspirent? Par *votre tenue*, par *vos paroles*, par *vos actes*.

La manière de se tenir n'est pas indifférente et peut être respectueuse et polie ou tout le contraire.

Quand, par exemple, vous vous étendez sur votre siège et que vous avez l'air d'y être couchées plutôt qu'assises (fig. 60); quand vous allongez ou que vous croisez vos jambes, que vous frottez vos pieds l'un contre l'autre ou sur le parquet, votre tenue est *irrespectueuse* et impolie.

Elle l'est, si vous vous balancez sur vos jambes pendant qu'on vous parle, pendant que vous répondez. Elle l'est si, dans les mêmes cas, vous baissez la tête et ne regardez pas vos interlocuteurs; si vous jouez avec vos doigts, tournant un coin de votre tablier ou

un morceau de votre robe; si en un mot vous avez un
air distrait.

Elle le serait plus encore, si vous vous permettiez
de vous gratter, de passer vos doigts dans vos cheveux, de nettoyer vos ongles avec vos dents, en présence d'une ou de plusieurs personnes, fussent-elles
de votre famille.

Enfin votre tenue serait absolument inconvenante
si vous vous permettiez un haussement d'épaules, une
grimace ou tout autre geste grossier à l'adresse de
n'importe quelle personne.

**139. Comment le respect se manifeste par
les paroles.** — Vous avez encore plus à craindre de
manquer de respect et de politesse, par vos paroles
que par votre tenue.

Sachez bien, tout d'abord, qu'à votre âge vous ne
pouvez pas vous permettre de *prendre* la parole. Vous
devez attendre que l'on vous interroge, mais alors le
respect et la politesse veulent que vous répondiez sans
fausse timidité, c'est-à-dire à voix haute et distincte,
de manière que l'on vous entende sans effort.

Si vous répondez trop bas et entre vos dents, vous
obligez la personne qui vous écoute à prêter une attention fatigante pour elle; peut-être même devra-t-elle
vous faire répéter ce que vous avez dit. Vous lui
donnez donc plus de peine qu'il n'est *juste* de lui en
imposer et vous vous mettez en faute.

140. L'attention et la distraction. — Vous
serez polies et respectueuses si vous êtes *attentives*
à ce qui se dit autour de vous; car s'il arrive que l'on
vous adresse la parole et que vous ne vous en aper-
ceviez pas vous commettez une impolitesse.

Être distraite, c'est laisser voir aux personnes présentes qu'elles sont ennuyeuses, puisque au lieu de les écouter on pense à autre chose.

Avez-vous affaire à des vieillards, votre distraction deviendrait impardonnable et témoignerait même de *votre peu de cœur*. Les vieillards, en effet, craignent toujours d'*ennuyer la jeunesse*, de lui être à charge, et cette crainte leur est très pénible. Vous la confirmez si vous ne prêtez pas attention à leurs paroles et si, occupées d'autres choses, vous négligez de leur répondre.

C'est à eux surtout que vous devez répondre *promptement* et d'une manière *très distincte* pour qu'ils vous comprennent sans peine. Les paroles que vous leur adressez doivent être plus aimables encore et plus respectueuses que pour toute autre personne, car de vous à eux *la familiarité n'est pas permise*.

Rappelez-vous enfin qu'à votre âge *on ne sait rien encore*, ou *à peu près rien*.

Vous avez fort peu étudié, fort peu lu, et vous n'avez pas l'expérience que donnent les années. Aussi ne parlez jamais d'un ton tranchant, n'affirmez pas la vérité de ce que vous dites et soyez toujours prête à vous ranger à l'avis des personnes plus instruites et plus expérimentées que vous. Demandez-leur d'*éclairer* et de *corriger* vos idées, alors même que vous les croyez justes et vraies.

Si l'enfant bien élevée est prête à parler autant qu'il est nécessaire, quand on lui en donne l'occasion, si elle le fait sans fausse honte, et avec une liberté aimable, elle sait aussi se taire.

141. Il faut savoir garder le silence. — L'enfant mal élevée n'a pas l'*art de garder le silence*. Dès que deux ou trois grandes personnes sont réunies, elle se mêle à la conversation, donne son avis, blâmant, ou approuvant; elle questionne à tort et à travers, veut trancher sur tout. Pour qu'on l'écoute, elle ne craint pas d'élever la voix, jusqu'à couvrir celle des autres. Elle les interrompt, se moque de ce qu'ils disent et croit avoir seule raison.

Raconte-t-on devant elle une *anecdote*, un *incident*, elle veut être mieux informée que la personne qui parle et corrige ce que celle-ci avance. Parfois, ce que l'on dit devant elle ne l'intéresse pas, et alors elle insiste pour qu'on parle d'autre chose. Elle prend une personne *à part* pour lui *parler bas*, sans songer qu'elle blesse, par ce manque de confiance et de politesse, tous ceux dont elle a l'air de vouloir se cacher.

142. Ne soyez pas hardie. — L'enfant mal élevée croit être aimable et gentille parce qu'elle est *hardie*.

Elle adresse, par exemple, aux personnes qu'elle voit des compliments ou des critiques sur leurs vêtements, leur coiffure, leurs bijoux. Elle leur déclare qu'elle trouve ceci *joli* ou cela *laid*.

Quelle que soit son appréciation, il est très impoli à elle d'oser la dire.

Une enfant n'a pas *à juger* une grande personne, même quand il s'agit de choses aussi futiles que la toilette.

143. Comment on se comporte à table. — L'enfant bien élevée, soit qu'elle dîne chez elle ou chez des amis, se comporte à table tout autrement que l'enfant sans éducation.

Elle attend qu'on la serve après les personnes plus âgées. Elle ne demande rien et ne se permet pas de se plaindre qu'on lui donne trop des mets qu'elle n'aime pas ou trop peu de ceux qui lui plaisent. Du reste elle ne montre pas ses préférences ou le fait avec réserve.

Elle mange tout ce qu'on a mis sur son assiette, sans choisir les morceaux et sans laisser ceux qui lui paraissent moins bons. Elle se sert de sa fourchette, qu'elle tient dans sa *main gauche*, pour manger la viande en la coupant, *bouchée après bouchée*, avec son couteau placé dans sa *main droite* (fig. 61).

Si elle a un os dans sa viande, elle ne le prend pas avec ses doigts, mais elle le dépouille avec sa fourchette et son couteau, puis elle le repousse sur le bord de son as-

Fig. 61. — Bonne tenue d'une jeune fille à table.

siette. Elle ne coupe jamais son poisson avec son couteau, mais elle l'ouvre, le dépouille de la peau et de ses arrêtés avec sa fourchette et un petit morceau de pain qu'elle tient entre le pouce et l'index gauches.

Pour tous les mets qui ne demandent pas à être coupés au couteau, tels que les légumes, elle se sert de sa fourchette, maniée par la main droite.

Elle ne mange pas du fromage en le tenant entre ses doigts : après avoir enlevé la croûte à l'aide du couteau, elle le coupe en petits morceaux, et les porte au fur et à mesure à sa bouche, soit au bout du couteau, soit en les posant sur une bouchée de pain, suivant la nature du fromage.

144. Comment on mange les fruits. — Pour manger une pomme, une poire, elle les coupe en quatre et enlève avec son couteau le milieu et la peau de chaque quartier avant de le porter à sa bouche. Enfin elle ne découpe pas son morceau de pain, bouchée après bouchée, mais elle le rompt avec ses doigts.

Elle ne souffle pas sur sa soupe (fig. 62) ni sur les mets trop chauds. Elle attend qu'ils refroidissent, en les remuant un peu avec sa fourchette ou avec sa cuillère. Elle n'aspire pas sa soupe avec bruit et prend garde qu'on ne l'entende pas *mastiquer* * à la façon des ruminants *.

Fig. 62. — Mauvaise tenue d'une enfant à table (enfant soufflant sa soupe).

145. Ce que l'enfant mal élevée fait à table. — L'enfant mal élevée croit qu'à table, comme partout ailleurs, chacun doit se plier à ses fantaisies et satisfaire ses caprices.

Dès qu'un plat paraît sur la table, elle donne son goût comme règle et déclare que « c'est bon » ou que « c'est mauvais » : elle ajoute, sans se gêner, qu'elle en veut beaucoup ou qu'elle n'en veut pas.

Elle fait un triage des morceaux qui lui déplaisent,

les éparpille sur son assiette et les y laisse. Elle
mange mal, se servant de ses doigts, renversant de
la sauce, du vin autour d'elle.

Elle parle, elle boit la bouche pleine, et le bord de
son verre est barbouillé de graisse.

On redoute d'être placé près d'elle, car sa vue coupe
l'appétit et l'on est exposé à recevoir des taches.

A table, comme ailleurs, elle se mêle à la conversation, l'interrompt, donne son avis et parle si haut
qu'elle oblige les autres à se taire.

**146. Tous nos actes peuvent marquer le
respect que nous portons aux autres.** — *Vous
pouvez*, avons-nous dit, *témoigner encore du respect
aux autres par vos actes.*

On *agit* sans cesse dans la vie, à table, à la promenade, en visite, partout et toujours.

Une enfant bien élevée veille sur ses actes au
dehors encore plus peut-être qu'à la maison.

Elle sait, en effet, que ceux qui la voient dans la
rue ou ailleurs, n'ayant pas pour elle-même la même
affection que ses parents, le jugeront plus sévèrement
si elle manque aux convenances.

Quand elle est seule dans la rue, elle marche posé-
ment, *sans courir ni flâner*. Elle ne se retourne pas
pour voir les passants, ne s'arrête pas à regarder
l'étalage des magasins et encore moins les images
des petits journaux exposés dans les kiosques *; elle
ne lit pas les affiches.

Si elle rencontre des personnes qu'elle connaît, elle
leur dit bonjour la première et passe sans se permettre de les arrêter, à moins que ces personnes ne
viennent à elle et lui parlent.

Si elle sort avec des enfants de son âge, après la

classe, par exemple, elle ne *cause pas à voix haute*; elle évite les rires bruyants, les stations * devant les magasins (fig. 63) et tout ce qui pourrait les faire remarquer, ses compagnes et elle.

Du reste, qu'elle soit seule ou avec des compagnes, elle n'aime pas à rester dans la rue plus longtemps qu'il n'est nécessaire et prend pour rentrer chez elle le chemin le plus court. Elle agit de même quand elle sort pour faire des commissions.

Enfin, quand elle sort avec ses parents ou des personnes plus

Fig. 63. — Une enfant bien élevée évite les stations devant les magasins.

âgées qu'elle, sa manière d'agir reste aussi convenable que dans les cas précédents.

Elle fait en sorte qu'on n'ait pas à la reprendre sur sa tenue et que l'on n'ait pas à *rougir d'elle*. Elle saisit, en outre, toutes les occasions de montrer à ceux qui l'accompagnent le respect qu'elle leur porte.

147. Les visites. — Il arrive assez souvent que son père ou sa mère l'emmènent avec eux en visite chez des amis. Comment se conduit-elle dans ce cas?

Elle dit *bonjour* la première; mais elle ne se permet pas d'offrir la main avant qu'on la lui tende. Si on le fait, elle donne la sienne bien franchement et sans embarras.

Est-elle intime avec les personnes chez qui elle vient en visite, elle présente son front (fig. 64) ou sa joue pour qu'on l'embrasse.

Nous rappelons ici qu'elle ne prend pas part à la conversation sans qu'on l'y invite. Mais elle pourrait être impolie encore d'autre façon.

Si, par exemple, la visite se prolonge trop à son gré, elle se garde de laisser voir qu'elle s'ennuie. Elle serait de la dernière impolitesse, si elle se mettait à s'agiter sur sa chaise, si elle faisait des signes à sa mère pour l'engager à partir, ou se laissait aller à bâiller.

Fig. 64. — Enfant présentant le front pour qu'on l'embrasse.

Quand elle a besoin de tousser ou de se moucher elle le fait sans bruit, de manière à ne pas couvrir la voix des personnes qui parlent. Elle prend les mêmes précautions chaque fois qu'elle est en public, car il est toujours impoli de troubler une réunion par un bruit imprévu.

148. Les voyages. — Elle est réservée en voyage, comme elle l'est dans la rue ou en visite.

Dans une voiture publique, dans un compartiment de chemin de fer, elle fait en sorte qu'on ne *la remarque pas*.

Elle parle et rit à voix basse ; elle n'adresse pas la parole aux personnes qu'elle ne connaît pas ; elle ne s'entretient pas avec celles qu'elle connaît, d'elle ou de sa famille, afin de ne pas mettre les autres au courant de ses affaires.

Il y a toujours indiscrétion et manque d'éducation à faire ainsi savoir à des étrangers tout ce qui nous concerne.

Enfin partout et en toutes circonstances, l'enfant bien élevée pousse la politesse jusqu'à la *prévenance*.

Fig. 65. — Une enfant rencontrant dans un escalier une personne plus âgée lui cède le côté de la rampe.

C'est ainsi, par exemple, que si elle rencontre dans un escalier une personne plus âgée (fig. 65) ou un petit enfant, elle leur cède toujours le côté de la rampe pour qu'ils puissent s'y tenir au besoin. Elle ouvre la porte par laquelle veulent passer les personnes avec qui elle est, puis elle se recule pour leur céder le pas. Elle ramasse l'objet qu'on a laissé tomber, va chercher celui dont on

a besoin, s'efforce en un mot de prévenir les désirs de chacun.

149. La correspondance. — Sa correspondance peu étendue, il est vrai, porte la marque de sa bonne éducation.

Adresser à quelqu'un une lettre griffonnée, sans ponctuation, semée de fautes d'orthographe, commencée trop haut ou finie trop bas ou écrite sans marge ni en-tête, c'est lui *manquer de respect*.

Elle le sait, aussi soigne-t-elle *la forme et l'écriture* de ses lettres.

En même temps elle s'efforce de les rédiger d'une manière *très simple*, mais en *bon français* bien correct. Même quand elle écrit à ses parents les plus proches, elle ne néglige pas d'employer des formules respectueuses. La tendresse, *si grande soit-elle*, ne dispense jamais ni du respect ni de la politesse, qui en est la conséquence.

150. Demandez conseil à votre maîtresse. — Du reste, l'enfant soucieuse de ne pas manquer aux convenances demande conseil à sa maîtresse et apprend d'elle à faire une

Fig. 66. — Enfant demandant conseil à sa maîtresse.

lettre (fig. 66); aussi n'insisterons-nous pas davantage ici.

Croyez-vous que si vous étiez toujours cette enfant bien élevée dont nous venons de parler, vous n'éviteriez pas les trop nombreuses occasions que vous avez d'être mécontentes de vous?

Vous seriez sûres en même temps de vous faire aimer et apprécier par toutes les personnes qui vous approchent.

151. Pourquoi vous devez tenir à être bien élevées. — Mais vous avez une raison plus importante encore de travailler à votre propre éducation.

Dites-vous bien que votre manière d'être et d'agir a une *influence énorme* sur vos plus jeunes frères et sœurs, — sur vos frères tout particulièrement. Vous pouvez donc faire d'eux des enfants bien ou mal élevés selon ce que vous serez vous-mêmes. N'aurez-vous pas témoigné à vos parents, de la manière la plus utile et la meilleure, la reconnaissance que vous leur devez, si vous les aidez ainsi à élever vos petits frères?

Nous ne doutons pas de votre cœur. Aussi croyons-nous *fermement* que vous tiendrez toutes à honneur de contribuer à l'élévation morale de votre famille, par les efforts que vous ferez pour devenir des *enfants bien élevées*.

Résumé.

1. On reconnaît dans la société une enfant bien élevée à *sa manière d'agir*.

2. Elle sait témoigner à toute personne le respect qu'elle lui doit par sa *tenue correcte*, par l'*attention* qu'elle met à écouter.

3. Elle attend, pour parler, qu'on l'interroge; elle répond sans fausse timidité et *très distinctement*.

4. Elle redouble d'attention et de prévenance, dans ses réponses avec les vieillards.

5. Elle prend l'avis des personnes plus expérimentées et les prie de corriger ses idées. A table, l'enfant bien élevée se conduit de manière à ne pas dégoûter et à ne pas gêner ses voisins.

6. Elle ne demande rien, ne choisit pas, mange tout ce qu'on lui sert.

7. En visite, elle se tient bien, est aimable et polie.

8. Dans la rue, elle ne flâne pas, ne s'amuse pas. Elle ne se fait remarquer ni en chemin de fer, ni dans aucun lieu public.

9. Les lettres qu'elle écrit sont *soignées* et *respectueuses*.

10. Son exemple en toutes circonstances est donc excellent pour ses jeunes frères et sœurs, et elle aide ainsi ses parents à *les bien élever*.

LEXIQUE

Ce *Lexique* contient tous les mots marqués d'un astérisque (*) dans le cours de l'ouvrage et ne donne que l'acception dans laquelle ils sont employés.

Acide borique. (Voir *Borique*.)

Acide oxalique. (Voir *Oxalique*.)

Ahuri. Fort troublé.

Amidon. Fécule tirée de certaines plantes et particulièrement des céréales.

Amour-propre. Sentiment plus ou moins juste qu'on a de sa dignité, de sa valeur.

Ampoule. Petite tumeur causée par le frottement.

Arsenic. Corps simple, à éclat métallique, qu'on trouve le plus souvent combiné avec les métaux.

Assimilation. Action d'*assimiler*, c'est-à-dire de transformer en sa propre substance.

Autoritaire. Partisan d'une autorité excessive.

Bassiner. Humecter légèrement.

Bazar. Endroit couvert où l'on vend toutes sortes d'objets.

Bis. Se dit du pain de qualité inférieure qui est gris brun.

Borique. Se dit d'un acide formé de *bore* et d'oxygène. Le bore est un métalloïde d'un brun verdâtre.

Bourgeoisie. Classe moyenne de la société.

Calleux. Où il y a des *cals* (durillons).

Camphre. Substance blanche, demi-transparente et d'une odeur aromatique, qu'on extrait d'un arbrisseau appelé camphrier.

Chromo. Abrégé de *chromolithographie*. Impression en couleur obtenue par les procédés de la lithographie.

Colporteur. Marchand ambulant.

Comprimer. Exercer une pression sur un corps pour diminuer son volume.

Concession. Action d'abandonner son droit, de renoncer à son opinion.

Concierge. Gardien d'une maison, d'un hôtel.

Contagieux. Qui se transmet par contact.

Cor. Excroissance de chair aux pieds.

Coup de soleil. (Voir *Insolation*.)

Créer. Inventer, imaginer le premier, fonder, instituer.

Crevasse. Gerçure à la peau.

Damier. Tablette carrée divisée en 100 cases noires et blanches pour jouer aux dames ; nom donné à une étoffe ressemblant au damier.

Décoction. Opération qui consiste à faire bouillir dans un liquide des substances employées comme médicaments.

Dédain. Mépris que l'on témoigne par son air, son ton, ses manières, etc.

Désinfection. Action de *désinfecter*, c'est-à-dire de faire disparaître les altérations, la corruption produites par les miasmes putrides et délétères.

Dévier. Détourner de sa direction primitive.

Dilater (se). Se dit d'un corps qui augmente de volume sous l'influence de la chaleur.

Diphtérie. Maladie caractérisée par la formation de fausses membranes (couennes) sur la peau et surtout dans la gorge.

Dissimuler. Paraître ne pas remarquer ou ne pas ressentir.

Dissoudre. Séparer les parties d'un corps, le décomposer.

Droguiste. Marchand de drogues. *Drogue*, nom de toutes les substances employées par les pharmaciens, les teinturiers, etc.

Durillon. Dureté, cal que le frottement produit aux mains, aux pieds.

Émail. Substance qui recouvre les coquilles, les dents.

Empeigne. Pièce de cuir qui forme le dessus d'un soulier.

Émulation. Sentiment louable qui porte à imiter, à surpasser ceux qui font bien.

Engelure. Gonflement aux mains, aux pieds, au nez, aux oreilles, causé par le froid.

Épanouir (s'). Se dit d'une fleur qui s'ouvre.

Étioler (s'). Se décolorer par manque de lumière.

Fée. Être imaginaire représenté sous la forme d'une femme bienveillante ou méchante possédant une puissance surnaturelle.

Fétide. Dont l'odeur est désagréable, repoussante.

Fusain. Charbon fourni par un

arbrisseau des haies qui sert au dessin.

Gercer. Produire de petites fentes.

Glycérine. Liquide que l'on a extrait de l'huile et de la graisse.

Goudron. Substance noirâtre et liquide qu'on obtient dans l'épuration du gaz d'éclairage.

Gymnaste. Celui qui se livre aux exercices de gymnastique. *Gymnastique*, art d'exercer le corps pour lui donner de la force et de la souplesse.

Haleine. Souffle de la respiration.

Index. Le doigt de la main qui est le premier après le pouce.

Infusion. Opération qui consiste à verser de l'eau bouillante sur une substance médicamenteuse sans faire bouillir ensemble.

Ingénieur. Celui qui invente des machines, trace les travaux d'art (ponts, canaux, chemins de fer, etc.) et d'industrie et en dirige la construction.

Insolation. Maladie causée par la trop grande ardeur du soleil.

Kiosque. Petit pavillon, belvédère, sur une terrasse, dans un jardin, dans un boulevard.

Lâche. Qui n'est pas tendu, qui n'est pas serré.

Lustrer. Rendre brillant, donner du lustre.

Malingre. D'une complexion faible.

Mastiquer. Mâcher.

Matière organique. Qui entre dans la composition des organes.

Microbe. Être microscopique, animal ou végétal qui se développe avec une très grande rapidité dans une foule de fermentations et de maladies.

Mijaurée. Fille ou femme très prétentieuse.

Minutie. Chose de peu d'importance.

Mite. Nom vulgaire d'un insecte, dont la larve ronge les étoffes.

Moiteur. État de ce qui est *moite*, c'est-à-dire un peu humide.

Nauséabond. Qui produit de la nausée.

Nausée. Envie de vomir.

Oignon. Callosité douloureuse aux pieds.

Omoplate. Os plat qui forme la partie supérieure de l'épaule et auquel s'articule l'os du bras.

Opération chirurgicale. Opération méthodique pratiquée sur le corps humain, par un chirurgien, dans le but de guérir une maladie ou de réparer le mal causé par un accident.

Oxalique. Se dit d'un acide tiré de l'oseille. On l'appelle vulgairement *sel d'oseille*.

Pavillon. Petit bâtiment isolé.

Perle. Corps dur, brillant, nacré et sphérique qui se forme dans l'intérieur de certains coquillages.

Permanent. Qui reste constamment dans le même état.

Perméable. Qui peut être traversé par l'eau ou un autre fluide.

Petite vérole. (Voir *Variole*.)

Pétrole. Huile minérale provenant de sources situées en Asie ou en Amérique.

Pierre ponce. Roche volcanique, poreuse, légère, très dure, dont on se sert pour polir le bois.

Proéminent. Qui est plus en relief que ce qui l'environne, saillant.

Putréfaction. Décomposition que subissent tous les corps organiques lorsque la vie les a abandonnés.

Pyrèthre. Espèce de plante du genre camomille.

Quinquina. Arbre du Pérou qui fournit une écorce amère et fébrifuge appelée aussi quinquina.

Quotidien. De chaque jour.

Rachitique. Affecté de rachitisme. *Rachitisme*, maladie causée par le ramollissement et la déformation des os, principalement de l'épine dorsale.

Ruminant. Ordre de quadrupèdes mammifères à quatre estomacs comme le bœuf, le chameau, etc.

Sarrau. Sorte de blouse.

Scarlatine. Se dit d'une fièvre caractérisée par des taches d'un rouge écarlate.

Sécrétion. Filtration et séparation des humeurs du corps.

Sociabilité. Aptitude à vivre en société.

Soude. Sel alcali qu'on retire des cendres d'une plante qui croît sur les bords de la mer.

Station. Pause, demeure de peu de durée qu'on fait dans un lieu.

Subordination. Ordre établi en vertu duquel certaines personnes sont inférieures à d'autres.

Tilleul. Fleur d'un arbre, employée en infusion comme *calmant*.

Traitement. Appointements d'un fonctionnaire.

Transpiration. Sortie des humeurs par les pores.

Trousseau. Linge qu'on donne à un enfant qui entre en pension.

Tutélaire. Qui protège.

Variole. Maladie contagieuse et souvent épidémique caractérisée par une éruption de pustules qui causent une douleur cuisante.

TABLE DES MATIÈRES

Coulommiers. — Imp. Paul BRODARD. — 655-95

DICTIONNAIRE GAZIER

Nouveau Dictionnaire classique illustré, par M. A.
GAZIER, Professeur-adjoint à la Faculté des lettres de Paris. 19 cartes,
700 gravures, dont **70** figures d'ensemble, **1 000** articles encyclopé-
diques. 1 vol. in-12 de 800 pages, cartonné.................. 2 60
Relié toile, tranches rouges....................... 3 30

Vocabulaire français. — Agriculture.
Sciences. — Histoire. — Géographie. — Hygiène. — Industrie.
Législation. — Vie pratique.

SPÉCIMEN DES GRAVURES

Lévriers.   Dogue.   Bouledogue. Mâtin (Danois).

Pointer.   King-Charles.   Terre-Neuve.   Griffon.   Chien de Gascogne.
Épagneul.   Basset. Caniche.

Chien des Esquimaux.   Loulou.   Chien du mont Saint-Bernard.   Chien de Brie.
Chien de berger.

CHIENS.

Le DICTIONNAIRE GAZIER est

le plus récent, le mieux illustré, le plus intéressant
des Dictionnaires classiques.

Armand COLIN & Cie, Editeurs, 5, rue de Mézières, Paris.

Vidal-Lablache

COLLECTION DE CARTES MURALES

DOUBLE FACE, SUR CARTON, AVEC NOTICES

Par M. P. VIDAL-LABLACHE
Sous-directeur et Maître de conférences à l'École normale supérieure.

1re SÉRIE : **France et cinq parties du Monde**
Parlantes au recto, **Muettes** au verso.

2e SÉRIE : **Contrées d'Europe**
Politiques au recto, **Physiques** au verso.

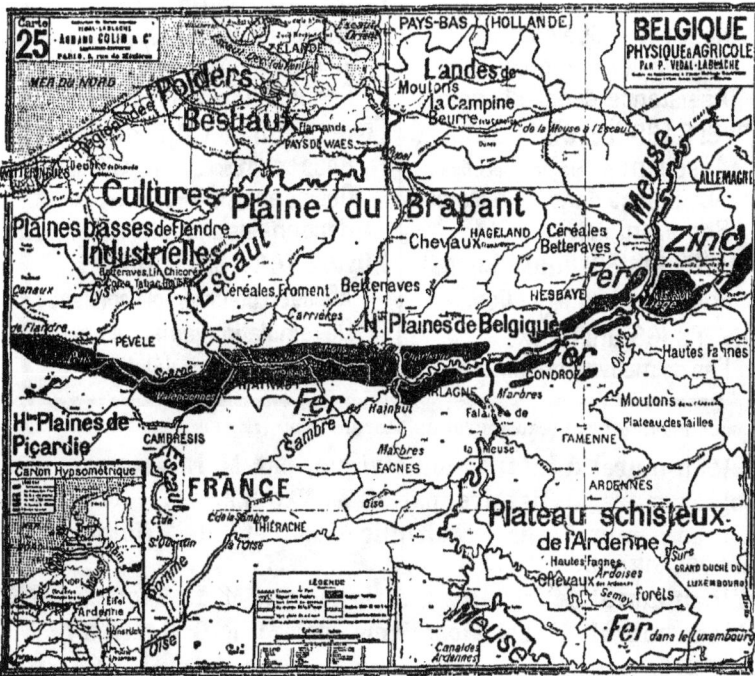

Réduction phototypique d'une des cartes (*Dimensions réelles : 1m,10 sur 1m,*)

Prix de chaque carte [double face, sur carton].............. **6 fr. 50**
Notice géographique : Leçon, Questionnaire avec réponses,
clef pour chaque carte muette. 1 vol. in-18 jésus, cartonné.... » **40**
Meuble pour contenir les cartes. 12 » | Plateau d'emballage pour cartes
Appareil de suspension....... 2 » | expédiées sans meuble..... **1** »